서울
디자인재단

NCS직업기초능력평가

서울디자인재단
NCS직업기초능력평가

| 초판 발행 | 2020년 8월 4일 |
| 개정판 발행 | 2026년 3월 30일 |

편 저 자 | 취업적성연구소
발 행 처 | ㈜서원각
등록번호 | 1999-1A-107호
주　　소 | 경기도 고양시 일산서구 덕산로 88-45(가좌동)
교재주문 | 031-923-2051
팩　　스 | 031-923-3815
교재문의 | 카카오톡 플러스 친구[서원각]
홈페이지 | goseowon.com

PREFACE

우리나라 기업들은 1960년대 이후 현재까지 비약적인 발전을 이루었다. 이렇게 급속한 성장을 이룰 수 있었던 배경에는 우리나라 국민들의 근면성 및 도전정신이 있었다. 그러나 빠르게 변화하는 세계 경제의 환경에 적응하기 위해서는 근면성과 도전정신 이외에 또 다른 성장 요인이 필요하다.

최근 많은 공사·공단에서는 기존의 직무 관련성에 대한 고려 없이 인·적성, 지식 중심으로 치러지던 필기전형을 탈피하고, 산업현장에서 직무를 수행하기 위해 요구되는 능력을 산업부문별·수준별로 체계화 및 표준화한 NCS를 기반으로 하여 채용공고 단계에서 제시되는 '직무 설명자료'상의 직업기초능력과 직무수행능력을 측정하는 직업기초능력평가, 직무수행능력평가 등을 도입하고 있다.

서울디자인재단에서도 업무에 필요한 역량 및 책임감과 적응력 등을 구비한 인재를 선발하기 위하여 고유의 필기시험을 치르고 있다. 본서는 서울디자인재단 채용대비를 위한 필독서로 서울디자인재단 필기시험의 출제경향을 철저히 분석하여 응시자들이 보다 쉽게 시험유형을 파악하고 효율적으로 대비할 수 있도록 구성하였다.

신념을 가지고 도전하는 사람은 반드시 그 꿈을 이룰 수 있습니다. 처음에 품은 신념과 열정이 취업 성공의 그날까지 빛바래지 않도록 서원각이 수험생 여러분을 응원합니다.

STRUCTURE

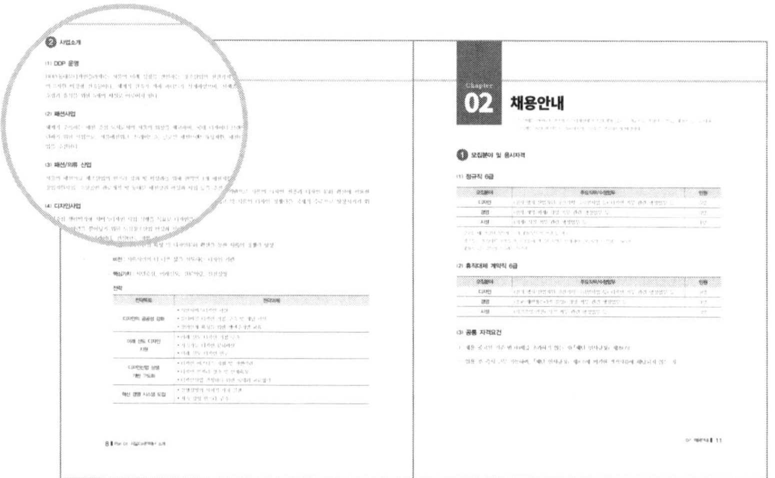

기업소개 및 채용안내

서울디자인재단의 채용안내와 면접에서 유용하게 활용할 수 있는 기업 정보를 수록하였습니다. 직업기초능력평가를 준비하기 전 기본 정보를 먼저 확인하고, 효과적인 지원 전략과 학습 방향을 설정해 보세요.

출제예상문제

영역별 출제경향

직업기초능력평가 5과목의 출제경향을 분석하여 한 눈에 볼 수 있도록 정리하였습니다. 문제풀이에 앞서 최신 출제 방식을 익혀 보세요.

영역별 대표유형문제 및 출제예상문제

각 영역마다 전형적인 유형의 문제가 존재합니다. 대표유형문제로 기초적인 감각을 익힌 뒤 적중률 높은 출제예상문제를 통해 실전감각을 익혀 보세요.

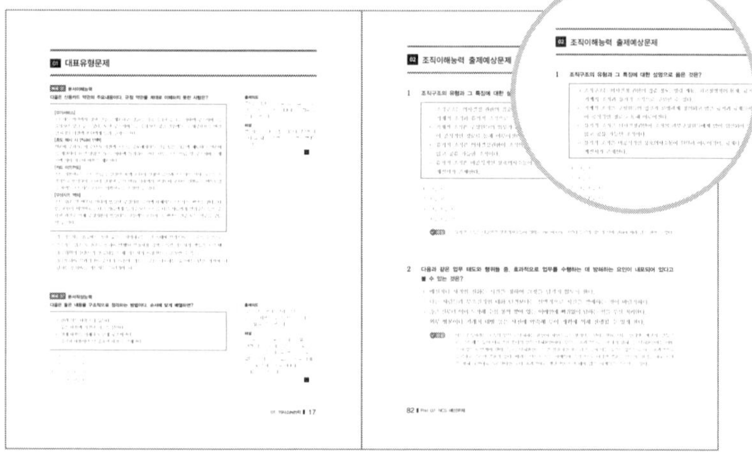

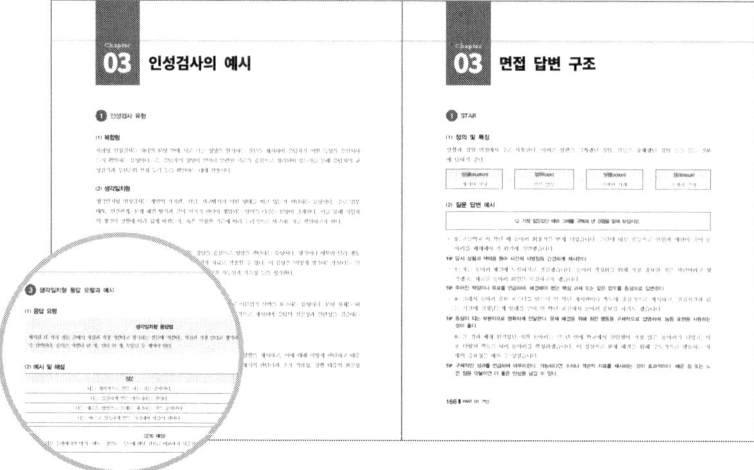

인성검사 및 면접

인성검사

전반적인 인성검사 문항에 답변하는 전략과 예시를 수록하였습니다. 인성검사 질문의 의도를 파악하는 연습을 해 보세요.

면접

면접 질문의 답변 구조와 감점 사항, 면접의 유형을 정리하였습니다. 또한 실제 면접에서 자주 나오는 예시 질문을 수록하였습니다. 채용의 마지막 단계인 면접까지 꼼꼼히 준비해 보세요.

CONTENTS

PART 01

서울디자인재단 소개

기업소개

① 개요

(1) 설립목적

서울디자인재단은 DDP(동대문디자인플라자) 시설을 기반으로 서울의 디자인 진흥과 디자인 문화 확산에 필요한 사업을 성공적으로 수행함으로써 시민 삶의 질 제고 및 서울의 디자인 경쟁력을 국제적 수준으로 향상시키기 위해 설립되었다.

(2) 미션 및 비전

① 미션 : 디자인산업 육성 및 디자인문화 확산을 통한 서울의 경쟁력 향상

② 비전 : 서울시민의 더 나은 삶을 선도하는 디자인 기관

③ 핵심가치 : 시민중심, 미래선도, 전문역량, 선진경영

④ 전략

전략목표	전략과제
디자인의 공공성 강화	• 시민서비스디자인 확산 • 유니버설 디자인 거점 구축 및 개념 확산 • 창의인재 육성을 위한 생애주기별 교육
미래 선도 디자인 지원	• 미래 선도 디자인 거점 구축 • 지속가능 디자인 문화확산 • 미래 선도 디자인 연구
디자인산업 상생 기반 고도화	• 디자인 비즈니스 지원 및 기반마련 • 디자인 일자리 창출 및 인재육성 • 디자인산업 활성화를 위한 국내외 교류협력
혁신 경영 시스템 도입	• 상생경영의 사회적 가치 실현 • 지속 경영 인프라 구축

② 사업소개

(1) DDP 운영

DDP(동대문디자인플라자)는 서울의 미래 성장을 견인하는 '창조산업의 전진기지'를 위해 건립된 세계 최대 규모의 3차원 비정형 건축물이다. 세계적 건축가 자하 하디드가 설계하였으며, 신제품 발표, 전시, 공연, 비즈니스, 쇼핑과 휴식을 위한 5개의 시설로 이루어져 있다.

(2) 패션사업

세계가 주목하는 패션 중심 도시로서의 서울의 위상을 제고하며, 국내 디자이너 브랜드의 해외 진출 교두보를 마련하기 위한 사업으로, 서울패션위크, 트레이드쇼, 글로벌 패션브랜드육성지원, 패션디자인기반마련 등 다양한 사업을 추진한다.

(3) 패션/의류 산업

서울의 패션의류 제조산업의 인프라 강화 및 활성화를 위해 권역별 4개 패션지원센터 운영, 청년 일자리 창출 및 창업지원사업, 소상공인 판로개척 및 동대문 패션상권 활성화 사업 등을 추진 중에 있다.

(4) 디자인사업

시민중심 생활밀착형 서비스디자인 사업 실행을 목표로 디자인을 통해 낙후된 지역 산업의 가치를 재발견하고 지역 상권에 활력을 불어넣기 위한 도심창조산업 활성화 사업, 도심의 위해 요소를 발굴하고 개선하기 위한 안전안심 디자인사업, 청년디자이너, 컨설턴트, 지역 기관의 담당자가 함께 시민 생활과 밀접한 문제를 디자인으로 해결하는 서울디자인컨설턴트 사업을 실행해오고 있다.

(5) 디자인/공예 산업

가치소비 등 소비트렌드 변화와 디자인·공예 산업 육성 및 지원체계 고도화를 위해 디자인 공예 산업 순환체계를 마련하고 이를 통해 DDP가 시대의 라이프 스타일을 만드는 공간이자 전시와 유통, 매출로 이어지는 아시아 디자인의 발신지가 되도록 '디자인 비즈니스 허브' 비전에 기여하고자 한다.

(6) 서울새활용플라자

「자원순환도시 서울시 비전 2030」을 토대로 새활용(Upcycling)에 대한 환경적, 사회적, 경제적 인식을 넓히고, 업사이클링 기반 산업의 생태계를 육성한다.

(7) 서울디자인창업센터

서울특별시와 서울디자인재단이 설립하고 운영하는 청년 디자인 창업과 혁신 창업을 위한 지속가능한 지원 인프라이다. 디자인 창업에 특화된 공간과 차별화된 프로그램을 통해, 젊은 디자이너들이 작지만 역량 있는 스타트업으로서 그 시작을 함께하고, 성장을 공유할 수 있는 '서울청년 디자인창업 허브'로서 자리매김하고 있다.

(8) 서울도시건축비엔날레

서울의 도시 · 건축 현안부터 세계 도시의 다양한 이슈를 연구하고, 이에 대한 디자인적 · 정책적 담론을 생성하여 널리 소통하고자 운영되는 사업이다.

채용안내

※ 본 안내는 '2026년 상반기 서울디자인재단 직원 채용 공고'를 기준으로 작성된 것으로, 채용시험을 준비하는 수험생은 지원 전 반드시 홈페이지의 공고문을 참고하시기 바랍니다.

1 모집분야 및 응시자격

(1) 정규직 6급

모집분야	주요직무/수행업무	인원
디자인	(전시/행사/산업지원/공간기획/글로벌사업 등) 디자인 직무 관련 행정업무 등	5명
경영	(인사/계약/회계) 경영 직무 관련 행정업무 등	3명
시설	(기계) 시설 직무 관련 행정업무 등	1명

※ 공고문 내 별첨된 직무기술서의 채용직무 및 역량 등 참조
※ 정규직 · 휴직대체 계약직 간, 모집분야 간 중복지원은 불가하며 중복지원 시 불합격 처리함
※ 채용직급은 공무원 직급과는 무관함

(2) 휴직대체 계약직 6급

모집분야	주요직무/수행업무	인원
디자인	(전시/행사/산업지원/공간기획/글로벌사업 등) 디자인 직무 관련 행정업무 등	9명
경영	(홍보/새활용플라자 운영) 경영 직무 관련 행정업무 등	4명
시설	(시설운영/안전) 시설 직무 관련 행정업무 등	3명

(3) 공통 자격요건

① 채용 공고일 기준 만 60세를 초과하지 않는 자(「재단 인사규정」 제29조)

② 임용 후 즉시 근무 가능하며, 「재단 인사규정」 제8조에 의거한 결격사유에 해당되지 않는 자

(4) 우대사항

① 취업지원대상자, 장애인, 북한이탈주민 : 전형별 가점부여(서류전형은 적부판단이므로 해당사항 없음)

② 관련 자격증 소지자 : 정규직 필기전형에 한하여 가점 부여

모집분야	자격 증명	가산점수(만점 기준)		
디자인	• 기술 자격 : 제품디자인, 시각디자인 • 전문 자격 : 학예사	• 기술 자격		
		기사이상	산업기사	기능사
		5%	3%	1%
		• 전문 자격		
		2급이상	3급	준학예사
		10%	7%	3%
경영	• 전문 자격 : 공인노무사, 세무사, 공인회계사, 변호사, 법무사 • 서비스 자격 : 전산회계운용사, 컴퓨터활용능력 • 전산세무회계 자격 : 전산세무, 전산회계	• 전문 자격 : 10% • 서비스 자격		
		1급	2급	3급
		5%	3%	1%
		• 전산세무회계 자격		
		전산세무		전산회계
		3%		1%
시설	• 기술 자격 : 일반기계, 건축설비, 배관 건설기계설비, 공조냉동기계 설비보전, 용접, 에너지관리	• 기술 자격		
		기술사, 기능장	기사	산업기사
		5%	3%	1%

※ 다수일 경우 가장 높은 배점 자격증 1종만 인정
※ 각종 기재사항(자격, 우대사항 등)은 접수 마감일 이전에 취득(결정)된 것에 한함
※ 자격증 인정종목, 범위 등은 고용노동부 국가기술자격법 및 한국산업인력공단 등에서 고시한 정보를 기준으로 함

(5) 근로조건

① 3개월 시용 근무 후, 별도 평가절차를 거쳐 정식임용

② 근무장소 : 서울디자인재단 사업소 소재지 등

③ 계약기간

    ㉠ 정규직 : 기간의 정함이 없는 근로계약(만60세 정년)

    ㉡ 계약직 : 임용일로부터 12개월

④ 보수 : 연봉 32,353,000원(하한액)

필기전형	▶	서류전형(적부)	▶	면접전형	▶	최종합격 발표 및 임용

(1) 필기전형

① 1교시 : 인성검사(면접전형 참고자료로만 활용)

② 2교시 : 적성검사(NCS 직업기초능력평가)

   ㉠ 의사소통능력, 문제해결능력, 조직이해능력, 수리능력, 정보능력(객관식, 각 20점)

   ㉡ 평가요소별 득점 40% 이상인 자 중 우대사항을 가산한 점수가 전 평가요소 평균 득점 60% 이상인 자 중 고득점 순으로 선발

   ㉢ 동점자로 인하여 선발예정인원을 초과하는 경우 그 모두를 합격자로 함

(2) 서류전형(적부)

① 평가방법 : 입사지원서 및 자기소개서 기준 적격 여부

② 응시자격요건, 블라인드 채용 기준, 성실성 등 적부 평가

   ㉠ 블라인드 위반 : 출신지, 가족관계, 이름, 성별, 연령, 학력, 출신학교, 신체적 조건 등 기재 시 부적격

   ㉡ 불성실 기재 : 특정문자 반복 기재, 타기관 제출용도, 문항 간 동일내용, 자기소개서 글자 수 50% 미달, 비속어 사용 등 해당 시 부적격

(3) 면접전형

① 평가방법 : 직무(PT) 및 인성면접

② 평가요소 : 기획력, 직무전문성, 추진력, 윤리의식, 책임감(각20점)

(4) 기타사항

① 블라인드 채용 가이드라인에 따라 필수 입력사항을 제외하고 개인의 인적사항 등 편견이 개입될 수 있는 사항이 기재되어 있을 경우 탈락처리 될 수 있음

② 최종합격자로 결정되더라도 채용결격사유 조회 결과 등 부적격으로 판명될 경우 합격이 취소될 수 있음

③ 모집분야 적격자가 없는 경우 선발하지 않을 수 있음

④ 채용관련 청탁자, 비리연루자 및 부정합격자는 「부정청탁금지법」등 관련 법령 및 내부규정에 따라 합격 또는 임용된 이후라도 합격 및 임용 취소될 수 있음

⑤ 「장애인차별금지 및 권리구제 등에 관한 법률」 제11조에 근거하여 장애인 응시자 편의제공 신청 가능

PART 02

NCS 예상문제

의사소통능력

[의사소통능력] 출제유형

① **문서이해능력** : 업무 관련성이 높은 문서에 대한 독해능력과 업무와 관련된 내용을 메모의 내용을 묻는 문제이다.
② **문서작성능력** : 공문서, 기안서, 매뉴얼 등 특정 양식을 작성할 때 주의사항이나 빈칸 채우기와 같은 유형으로 구성된다.
③ **경청능력** : 제시된 상황을 적절하게 경청하는 것을 묻는 문제이다.
④ **의사표현능력** : 제시된 상황에 대한 적절한 의사표현을 고르는 문제이다.
⑤ **기초외국어능력** : 외국과 우리나라의 문화차이로 발생하는 상황에 대한 문제이다.

[의사소통능력] 출제경향

문서를 읽거나 상대방의 말을 듣고 의미하는 바를 정확히 파악하여 자신의 의사를 표현·전달하는 능력을 의미한다. 주로 모듈형으로 출제되며, 최근에는 빈칸 채우기, 한자어 및 유사어 고르기, 기타 의사소통 개념 알기 등의 문제가 주로 출제되고 있다. 난이도는 상대적으로 높지 않으나 꼼꼼히 읽지 않으면 틀리기 쉽도록 문제가 출제되었다. 문제를 빠르고 정확하게 이해하는 능력이 필요하다.

[의사소통능력] 빈출유형

글의 흐름 파악하기								
지문과 일치하는 내용 유추								
목적 및 주제 파악								
배열하기								
어법								

예제 01 문서이해능력

다음은 신용카드 약관의 주요내용이다. 규정 약관을 제대로 이해하지 못한 사람은?

[부가서비스]

카드사는 법령에서 정한 경우를 제외하고 상품을 새로 출시한 후 1년 이내에 부가서비스를 줄이거나 없앨 수가 없다. 또한 부가서비스를 줄이거나 없앨 경우에는 그 세부내용을 변경일 6개월 이전에 회원에게 알려 주어야 한다.

[중도 해지 시 연회비 반환]

연회비 부과기간이 끝나기 이전에 카드를 중도해지하는 경우 남은 기간에 해당하는 연회비를 계산하여 10일(영업일 기준) 이내에 돌려줘야 한다. 다만, 카드 발급 및 부가서비스 제공에 이미 지출된 비용은 제외된다.

[카드 이용한도]

카드 이용한도는 카드 발급을 신청할 때에 회원이 신청한 금액과 카드사의 심사 기준을 종합적으로 반영하여 회원이 신청한 금액 범위 이내에서 책정되며 회원의 신용도가 변동되었을 때에는 카드사는 회원의 이용한도를 조정할 수 있다.

[부정사용 책임]

카드 위조 및 변조로 인하여 발생된 부정사용 금액에 대해서는 카드사가 책임을 진다. 다만, 회원이 비밀번호를 다른 사람에게 알려주거나 카드를 다른 사람에게 빌려주는 등의 중대한 과실로 인해 부정사용이 발생하는 경우에는 회원이 그 책임의 전부 또는 일부를 부담할 수 있다.

---

① 갑 : 카드사는 법령에서 정한 경우를 제외하고는 1년 이내에 부가서비스를 줄일 수 없어.

② 을 : 카드 위조 및 변조로 인하여 발생된 부정사용 금액은 일괄 카드사가 책임을 지게 돼.

③ 병 : 회원의 신용도가 변경되었을 때 카드사가 이용한도를 조정할 수 있어.

④ 정 : 연회비 부과기간이 끝나기 이전에 카드를 중도 해지하는 경우에는 남은 기간에 해당하는 연회비를 카드사는 돌려줘야 해.

출제의도

주어진 약관의 내용을 읽고 그에 대한 상세 내용의 정보를 이해하는 능력을 측정하는 문항이다.

해설

부정사용에 대해 고객의 과실이 있으면 회원이 그 책임의 전부 또는 일부를 부담할 수 있다.

답 ②

예제 02 문서작성능력

다음은 들은 내용을 구조적으로 정리하는 방법이다. 순서에 맞게 배열하면?

㉠ 관련 있는 내용끼리 묶는다.

㉡ 묶은 내용에 적절한 이름을 붙인다.

㉢ 전체 내용을 이해하기 쉽게 구조화한다.

㉣ 중복된 내용이나 덜 중요한 내용을 삭제한다.

---

① ㉠, ㉡, ㉢, ㉣

② ㉠, ㉡, ㉣, ㉢

③ ㉡, ㉠, ㉢, ㉣

④ ㉡, ㉠, ㉣, ㉢

출제의도

음성정보는 문자정보와는 달리 쉽게 잊혀 지기 때문에 음성정보를 구조화 시키는 방법을 묻는 문항이다.

해설

내용을 구조적으로 정리하는 방법은 '㉠ 관련 있는 내용끼리 묶는다. → ㉡ 묶은 내용에 적절한 이름을 붙인다. → ㉣ 중복된 내용이나 덜 중요한 내용을 삭제한다. → ㉢ 전체 내용을 이해하기 쉽게 구조화한다.'가 적절하다.

답 ②

다음 중 공문서 작성에 대한 설명으로 가장 적절하지 못한 것은?

① 공문서나 유가증권 등에 금액을 표시할 때에는 한글로 기재하고 그 옆에 괄호를 넣어 숫자로 표기한다.

② 날짜는 숫자로 표기하되 년, 월, 일의 글자는 생략하고 그 자리에 온점(.)을 찍어 표시한다.

③ 첨부물이 있는 경우에는 붙임 표시문 끝에 1자 띄우고 "끝."이라고 표시한다.

④ 공문서의 본문이 끝났을 경우에는 1자를 띄우고 "끝."이라고 표시한다.

출제의도

업무를 할 때 필요한 공문서 작성법을 잘 알고 있는지를 측정하는 문항이다.

해설

공문서 금액 표시

아라비아 숫자로 쓰고, 숫자 다음에 괄호를 하여 한글로 기재한다.

답 ①

다음은 면접스터디 중 일어난 대화이다. B의 고민을 해소하기 위한 조언으로 가장 적절한 것은?

> A : B 씨, 어디 아파요? 표정이 안 좋아 보여요.
>
> B : 제가 원서 넣은 공단이 내일 면접이어서요. 그동안 스터디를 통해서 면접 연습을 많이 했는데도 벌써부터 긴장이 되네요.
>
> A : B 씨는 자기 의견도 명확히 피력할 줄 알고 조리 있게 설명을 잘 하시니 걱정 안 하셔도 될 것 같아요. 손에 꽉 쥐고 계신 건 뭔가요?
>
> B : 아, 제가 예상 답변을 정리해서 모아둔 거예요. 내용은 거의 외웠는데 이렇게 쥐고 있지 않으면 불안해서.
>
> A : 그 정도로 준비를 철저히 하셨으면 걱정할 이유 없을 것 같아요.
>
> B : 그래도 압박면접이거나 예상치 못한 질문이 들어오면 어떻게 하죠?
>
> A : _______________________________________

① 시선을 적절히 처리하면서 부드러운 어투로 말하는 연습을 해보는 건 어때요?

② 공식적인 자리인 만큼 옷차림을 신경 쓰는 게 좋을 것 같아요.

③ 당황하지 말고 질문자의 의도를 잘 파악해서 침착하게 대답하면 되지 않을까요?

④ 예상 질문에 대한 답변을 좀 더 정확하게 외워보는 건 어떨까요?

출제의도

상대방이 하는 말을 듣고 질문 의도에 따라 올바르게 답하는 능력을 측정하는 문항이다.

해설

B는 압박질문이나 예상치 못한 질문에 대해 걱정을 하고 있으므로 침착하게 대응하라고 조언을 해주는 것이 좋다.

답 ③

당신은 업무 지시내용을 수행하고 팀장님께 결과물을 보고 드렸다. 하지만 팀장님께서는 "최대리 업무를 이렇게 처리하면 어떡하나? 누락된 부분이 있지 않은가."라고 말하였다. 이에 대해 당신이 행할 수 있는 가장 부적절한 대처 자세는?

① "죄송합니다. 제가 잘 모르는 부분이라 과장님께 부탁을 했는데 실수를 하신 것 같습니다."

② "주의를 기울이지 못해 죄송합니다. 어느 부분을 수정보완하면 될까요?"

③ "지시하신 내용을 제가 충분히 이해하지 못하였습니다. 내용을 다시 한 번 여쭤보아도 되겠습니까?"

④ "부족한 내용을 보완하는 자료를 취합하기 위해서 하루 정도가 더 소요될 것 같습니다. 언제까지 재작성하여 드리면 될까요?"

출제의도

상사가 잘못을 지적하는 상황에서 어떻게 대처해야 하는지를 묻는 문항이다.

해설

상사가 부탁한 지시사항을 다른 사람에게 부탁하는 것은 옳지 못하며 설사 그렇다고 해도 그 일의 과오에 대해 책임을 전가하는 것은 지양해야 할 자세이다.

답 ①

1 다음 글을 읽고 보인 반응으로 적절한 것은?

이어폰으로 스테레오 음악을 들으면 두 귀에 약간 차이가 나는 소리가 들어와서 자기 앞에 공연장이 펼쳐진 것 같은 공간감을 느낄 수 있다. 이러한 효과는 어떤 원리가 적용되어 나타난 것일까?

사람의 귀는 주파수 분포를 감지하여 음원의 종류를 알아내지만, 음원의 위치를 알아낼 수 있는 직접적인 정보는 감지하지 못한다. 하지만 사람의 청각 체계는 두 귀 사이 그리고 각 귀와 머리 측면 사이의 상호 작용에 의한 단서들을 이용하여 음원의 위치를 알아낼 수 있다. 음원의 위치는 소리가 오는 수평·수직 방향과 음원까지의 거리를 이용하여 지각하는데, 그 정확도는 음원의 위치와 종류에 따라 다르며 개인차도 크다. 음원까지의 거리는 목소리 같은 익숙한 소리의 크기와 거리의 상관관계를 이용하여 추정한다.

음원이 청자의 정면 정중앙에 있다면 음원에서 두 귀까지의 거리가 같으므로 소리가 두 귀에 도착하는 시간 차이는 없다. 반면 음원이 청자의 오른쪽으로 치우치면 소리는 오른쪽 귀에 먼저 도착하므로, 두 귀 사이에 도착하는 시간 차이가 생긴다. 이때 치우친 정도가 클수록 시간 차이도 커진다. 도착순서와 시간 차이는 음원의 수평 방향을 알아내는 중요한 단서가 된다.

음원이 청자의 오른쪽 귀 높이에 있다면 머리 때문에 왼쪽 귀에는 소리가 작게 들린다. 이러한 현상을 '소리 그늘'이라고 하는데, 주로 고주파 대역에서 일어난다. 고주파의 경우 소리가 진행하다가 머리에 막혀 왼쪽 귀에 잘 도달하지 않는데 비해, 저주파의 경우 머리를 넘어 왼쪽 귀까지 잘 도달하기 때문이다. 소리 그늘 효과는 주파수가 1,000Hz 이상인 고음에서는 잘 나타나지만, 그 이하의 저음에서는 거의 나타나지 않는다. 이 현상은 고주파 음원의 수평 방향을 알아내는 데 특히 중요한 단서가 된다.

한편, 소리는 귓구멍에 도달하기 전에 머리 측면과 귓바퀴의 굴곡의 상호 작용에 의해 여러 방향으로 반사되고, 반사된 소리들은 서로 간섭을 일으킨다. 같은 소리라도 소리가 귀에 도달하는 방향에 따라 상호 작용의 효과가 달라지는데, 수평 방향뿐만 아니라 수직 방향의 차이도 영향을 준다. 이러한 상호작용에 의해 주파수 분포의 변형이 생기는데, 이는 간섭에 의해 어떤 주파수의 소리는 작아지고 어떤 주파수의 소리는 커지기 때문이다. 이 또한 음원의 방향을 알아낼 수 있는 중요한 단서가 된다.

① 사람은 음원을 들었을 때 그 음원의 위치를 알 수가 없는 거네.

② 음원의 위치는 모든 사람들이 정확하게 지각할 수 있는 거구나.

③ 음원이 두 귀에 도착하는 순서와 시간의 차이는 음원의 수평 방향을 알아내는 중요한 단서인 거네.

④ '소리 그늘' 현상은 고주파 음원의 수직 방향을 알아내는 데 중요한 단서야.

> **✔해설** ① 사람의 귀는 음원의 위치를 알아낼 수 있는 직접적인 정보는 감지하지 못한다. 하지만 여러 단서들을 이용하여 음원의 위치를 알아낼 수 있다.
> ② 음원의 위치를 지각하는 정확도는 음원의 위치와 종류에 따라 다르며 개인차도 크다.
> ④ '소리 그늘' 현상은 고주파 음원의 수평 방향을 알아내는 데 특히 중요한 단서가 된다.

ANSWER 1.③

2 다음 밑줄 친 말과 의미가 가장 가까운 것은?

> 회의에서는 새로 추진할 사업 계획을 두고 각 부서가 다양한 의견을 제시하였다. 일부 부서에서는 예산 문제를, 다른 부서에서는 사업 추진 일정에 대한 우려를 제기하였다. 이에 따라 회의 참석자들은 각 부서의 의견을 충분히 <u>수렴하여</u> 최종안을 마련하기로 하였다. 이렇게 모인 의견을 바탕으로 보다 합리적인 의사결정을 내리고자 한 것이다.

① 세밀하다

② 신속하다

③ 취합하다

④ 검토하다

> ✔ 해설   ③ 취합(聚合)하다 : 모아서 합치다.
> ① 세밀(細密)하다 : 자세하고 꼼꼼하다.
> ② 신속(迅速)하다 : 매우 날쌔고 빠르다.
> ④ 검토(檢討)하다 : 어떤 사실이나 내용을 분석하여 따지다.

3 아래에 제시된 네 개의 문장 (개) ~ (래)를 문맥에 맞는 순서대로 나열한 것은 어느 것인가?

> (개) 공산품을 제조 · 유통 · 사용 · 폐기하는 과정에서 생태계가 정화시킬 수 있는 정도 이상의 오염물이 배출되고 있기 때문에 다양한 형태의 생태계 파괴가 일어나고 있다.
> (내) 생태계 파괴는 곧 인간에게 영향을 미치므로 생태계의 건강관리에도 많은 주의를 기울여야 할 것이다.
> (대) 최근 '웰빙'이라는 말이 유행하면서 건강에 더 많은 신경을 쓰는 사람들이 늘어나고 있다.
> (래) 그러나 인간이 살고 있는 환경 자체의 건강에 대해서는 아직도 많은 관심을 쏟고 있지 않는 것 같다.

① (내) — (개) — (대) — (래)

② (개) — (내) — (래) — (대)

③ (내) — (개) — (래) — (대)

④ (대) — (래) — (개) — (내)

> ✔ 해설   ④ (대)에서 웰빙에 대한 화두를 던지고 있으나, (래)에서 반전을 이루며 인간의 건강이 아닌 환경의 건강을 논하고자 하는 필자의 의도를 읽을 수 있다. 이에 따라 환경 파괴에 의한 생태계의 변화와 그러한 상태계의 변화가 곧 인간에게 영향을 미치게 된다는 논리를 펴고 있으므로 이어서 (개), (내)의 문장이 순서대로 위치하는 것이 가장 적절한 문맥의 흐름이 된다.

4 다음 글의 내용으로 옳지 않은 것은?

> 걷기는 현대사회에서 새로운 웰빙 운동으로 각광받고 있다. 장소나 시간에 신경 쓸 필요 없이 언제 어디서든 쉽게 할 수 있기 때문이다. 하지만 사람들은 걷기가 너무 쉬운 운동인 탓에 걷기의 중요성을 망각하기 일쑤이다. A대형병원의 이 교수는 "걷기는 남녀노소 누구나 아무런 장비도 없이 언제 어디서든 쉽게 할 수 있는 가장 좋은 운동이다. 특히 걷기는 최근 연구에 따르면 전속력으로 빨리 달리며 운동하는 것보다 몸의 무리는 적게 주면서 더 많은 칼로리를 소모할 수 있는 운동"이라며 걷기 예찬을 하고 있다. 하지만 걷기도 나름대로의 규칙을 가지고 있다. 걸을 때 허리는 꼿꼿이 펴고, 팔은 앞뒤로 힘차게 움직이고 속도는 자신이 걸을 수 있는 최대한 빠른 속도여야 한다. 이런 규칙을 어기고 그냥 평소처럼 걷는다면 그건 단순한 산책일 뿐이다.

① 걷기는 남녀노소 누구나 쉽게 할 수 있는 운동이다.

② 사람들은 걷기가 너무 쉽다는 이유로 걷기의 중요성을 쉽게 생각한다.

③ 제대로 걸을 경우 걷기는 빨리 달리며 운동하는 것보다 더 많은 칼로리를 소모할 수 있다.

④ 걷기는 규칙에 상관없이 평소 걷는 대로 걸으면 저절로 운동이 된다.

✔ **해설** ④ 제시된 지문 중 밑에서 셋째 줄에 있는 '하지만 걷기도 나름대로의 규칙을 가지고 있다.'라는 내용을 통해 걷기에도 엄연히 규칙이 존재함을 알 수 있다.

5 귀하는 甲회사의 직원으로 공문서 교육을 담당하게 되었다. 신입사원을 대상으로 아래의 규정을 교육한 후 적절한 평가를 한 사람은?

제00조(문서의 성립 및 효력발생)

① 문서는 결재권자가 해당 문서에 서명(전자이미지서명, 전자문자서명 및 행정 전자서명을 포함한다.)의 방식으로 결재함으로 성립한다.

② 문서는 수신자에게 도달(전자문서의 경우는 수신자가 지정한 전자적 시스템에 입력되는 것을 말한다.)됨으로써 효력이 발생한다.

③ 제2항에도 불구하고 공고문서는 그 문서에서 효력발생 시기를 구체적으로 밝히고 있지 않으면 그 고시 또는 공고가 있는 날부터 5일이 경과한 때에 효력이 발생한다.

제00조(문서 작성의 일반원칙)

① 문서는 어문규범에 맞게 한글로 작성하되, 뜻을 정확하게 전달하기 위하여 필요한 경우에는 괄호 안에 한자나 그 밖의 외국어를 함께 적을 수 있으며, 특별한 사유가 없으면 가로로 쓴다.

② 문서의 내용은 간결하고 명확하게 표현하고 일반화되지 않은 약어와 전문용어 등의 사용을 피하여 이해하기 쉽게 작성하여야 한다.

③ 문서에는 음성정보나 영상정보 등을 수록할 수 있고 연계된 바코드 등을 표기할 수 있다.

④ 문서에 쓰는 숫자는 특별한 사유가 없으면 아라비아 숫자를 쓴다.

⑤ 문서에 쓰는 날짜는 숫자로 표기하되, 연·월·일의 글자는 생략하고 그 자리에 온점(.)을 찍어 표기하며, 시·분은 24시각제에 따라 숫자로 표기하되, 시·분의 글자는 생략하고 그 사이에 쌍점(:)을 찍어 구분한다. 다만 특별한 사유가 있으면 다른 방법으로 표시할 수 있다.

① 박 사원 : 문서에 '2025년 7월 18일 오후 11시 30분'을 표기해야 할 때 특별한 사유가 없으면 '2025. 7. 18. 23:30'으로 표기한다.

② 채 사원 : 2025년 9월 5일 공고된 문서에 효력발생 시기가 구체적으로 명시되지 않은 경우 그 문서의 효력은 즉시 발생한다.

③ 한 사원 : 전자문서의 경우 해당 수신자가 지정한 전자적 시스템에 도달한 문서를 확인한 때부터 효력이 발생한다.

④ 현 사원 : 문서 작성 시 일반화되지 않은 약어와 전문 용어를 사용하여 작성하여야 한다.

> ✔ 해설 ① 문서 작성의 일반원칙 제5항에 의거하여 연·월·일의 글자는 생략하고 그 자리에 온점(.)을 찍어 표시한다. '2025년 7월 18일'은 '2025. 7. 18.'로 작성한다. 시·분은 24시간제에 따라 쌍점을 찍어 구분하므로 '오후 11시 30분'은 '23:30'으로 표기해야 한다.
> ② 문서의 성립 및 효력발생 제3항에 의거하여 문서의 효력은 시기를 구체적으로 밝히고 있지 않으면 즉시 효력이 발생하는 것이 아니고 고시 또는 공고가 있는 날부터 5일이 경과한 때에 발생한다.
> ③ 문서의 성립 및 효력발생 제2항에 의거하여 전자문서의 경우 수신자가 확인하지 않더라도 지정한 전자적 시스템에 입력됨으로써 효력이 발생한다.
> ④ 문서 작성의 일반원칙 제2항에 의거하여 문서의 내용은 일반화되지 않은 약어와 전문 용어 등의 사용을 피하여야 한다.

6 다음 문장이 들어갈 알맞은 곳은?

> 원체는 작가가 당대(當代)의 정치적 쟁점이 되는 핵심 개념을 액자화하여 새롭게 의미를 환기하려는 의도를, 과학적 방식에 의거하여 설득하려는 정치·과학적 글쓰기라고 할 수 있다.

(가) 글쓰기 양식은 글 내용을 담는 그릇으로 내용을 강제한다. 이런 측면에서 다산 정약용이 '원체(原體)'라는 문체를 통해 정치라는 내용을 담고자 했던 '양식 선택의 정치학'은 특별한 의미를 갖는다. (나) 당나라 한유(韓愈)가 다섯 개의 원체 양식의 문장을 지은 이후 후대의 학자들은 이를 모범을 삼았다. (다) 원체는 고문체는 아니지만 새롭게 부상한 문체로서, 당대 사상의 핵심 개념에 대해 정체성을 추구하는 분석적이고 학술적인 글쓰기이자 정치적 글쓰기로 정립되었다. (라) 다산은 원체가 가진 이러한 정치·과학적 힘을 인식하고 원정(原政)이라는 글을 남겼다.

① (가)   ② (나)

③ (다)   ④ (라)

✔해설 ② (나)의 앞부분에서 '원체'가 등장했고 (나)의 뒷부분에는 당나라 한유의 사례를 들어 원체 양식에 대한 부연설명을 하고 있다. 그러므로 (나) 부분에 '원체'의 개념 설명이 들어가는 것이 논리적으로 적합하다.

---

7 다음은 개인정보 보호법과 관련한 사법 행위의 내용을 설명하는 글이다. 다음 글을 참고할 때, '공표' 조치에 대한 올바른 설명이 아닌 것은 어느 것인가?

개인정보 보호법 위반과 관련한 행정 처분의 종류에는 처분 강도에 따라 과태료, 과징금, 시정조치, 개선권고, 징계권고, 공표 등이 있다. 이 중, 공표는 행정 질서 위반이 심하여 공공에 경종을 울릴 필요가 있는 경우 명단을 공표하여 사회적 낙인을 찍히게 함으로써 경각심을 주는 제재 수단이다.

개인정보 보호법 위반행위가 은폐·조작, 과태료 1천만 원 이상, 유출 등 다음 7가지 공표 기준에 해당하는 경우, 위반행위자, 위반행위 내용, 행정 처분 내용 및 결과를 포함하여 개인정보 보호위원회의 심의·의결을 거쳐 공표한다.

〈7가지 공표기준〉
- 1회 과태료 부과 총 금액이 1천만 원 이상이거나 과징금 부과를 받은 경우
- 유출·침해사고의 피해자 수가 10만 명 이상인 경우
- 다른 위반행위를 은폐·조작하기 위하여 위반한 경우
- 유출·침해로 재산상 손실 등 2차 피해가 발생하였거나 불법적인 매매 또는 건강 정보 등 민감 정보의 침해로 사회적 비난이 높은 경우
- 위반행위 시점을 기준으로 위반 상태가 6개월 이상 지속된 경우
- 행정 처분 시점을 기준으로 최근 3년 내 과징금, 과태료 부과 또는 시정조치 명령을 2회 이상 받은 경우
- 위반행위 관련 검사 및 자료제출 요구 등을 거부·방해하거나 시정조치 명령을 이행하지 않음으로써 이에 대하여 과태료 부과를 받은 경우

공표절차는 과태료 및 과징금을 최종 처분할 때 ① 대상자에게 공표 사실을 사전 통보, ② 소명자료 또는 의견 수렴 후 개인정보보호위원회 송부, ③ 개인정보보호위원회 심의·의결, ④ 홈페이지 공표 순으로 진행된다.

공표는 행정기관의 처분 권한이지만 개인정보보호위원회의 심의·의결을 거치게 함으로써 개인정보 보호법 위반자에 대한 행정청의 제재가 자의적이지 않고 공정하게 행사되도록 조절해 주는 장치를 마련하였다.

① 공표는 개인정보 보호법 위반에 대한 가장 무거운 행정 조치이다.
② 행정기관이 공표를 결정하여도 반드시 최종 공표 조치가 취해져야 하는 것은 아니다.
③ 공표 조치가 내려진 대상자는 공표와 더불어 반드시 1천만 원 이상의 과태료를 납부하여야 한다.
④ 공표 조치를 받는 대상자는 사전에 이를 통보받게 된다.

 ③ 1천만 원 이상의 과태료가 내려지게 되면 공표 조치의 대상이 되나, 모든 공표 조치 대상자들이 과태료를 1천만 원 이상 납부해야 하는 것은 아니다. 예컨대, 최근 3년 내 시정조치 명령을 2회 이상 받은 경우에도 공표 대상에 해당되므로, 과태료 금액에 의한 공표 대상자 자동 포함 이외에도 공표 대상에 포함될 경우가 있게 된다.

① 행정 처분의 종류를 처분 강도에 따라 구분하였으며, 이에 따라 가장 무거운 조치가 공표인 것으로 판단할 수 있다.

② 제시글의 마지막 부분에서 언급하였듯이 개인정보보호위원회 심의·의결을 거쳐야 하므로 행정기관의 결정이 최종적인 것이라고 단언할 수는 없다.

④ 과태료 또는 과징금 처분 시에 공표 사실을 대상자에게 사전 통보하게 된다.

ANSWER 7.③

8 다음은 주간회의를 끝마친 영업팀이 작성한 회의록이다. 다음 회의록을 통해 유추해 볼 수 있는 내용으로 적절하지 않은 것은 어느 것인가?

<table>
<tr><td colspan="4" align="center">영업팀 5월 회의록</td></tr>
<tr><td>회의일시</td><td>2025년 10월 9일 10:00~11:30</td><td>회의장소</td><td>5층 대회의실</td></tr>
<tr><td>참석자</td><td colspan="3">팀장 이하 전 팀원</td></tr>
<tr><td>회의안건</td><td colspan="3">– 3사분기 실적 분석 및 4사분기 실적 예상
– 본부장/팀장 해외 출장 관련 일정 수정
– 10월 바이어 내방 관련 계약 준비상황 점검 및 체류 일정 점검
– 월 말 부서 등반대회 관련 행사 담당자 지정 및 준비사항 확인</td></tr>
<tr><td>안건별 F/up 사항</td><td colspan="3">– 3사분기 매출 및 이익 부진 원인 분석 보고서 작성(오 과장)
– 항공 일정 예약 변경 확인(최 대리)
– 법무팀 계약서 검토 상황 재확인(박 대리)
– 바이어 일행 체류 일정(최 대리, 윤 사원)
　→ 호텔 예약 및 차량 이동 스케줄 수립
　→ 업무 후 식사, 관광 등 일정 수립
– 등반대회 진행 담당자 지정(민 과장, 서 사원)
　→ 참가 인원 파악
　→ 배정 예산 및 회사 지원 물품 수령 등 유관부서 협조 의뢰
　→ 이동 계획 수립 및 회식 장소 예약</td></tr>
<tr><td>협조부서</td><td colspan="3">총무팀, 법무팀, 회계팀</td></tr>
</table>

① 오 과장은 회계팀에 의뢰하여 3사분기 팀 집행 비용에 대한 자료를 확인해 볼 것이다.

② 최 대리와 윤 사원은 바이어 일행의 체류 기간 동안 업무 후 식사 등 모든 일정을 함께 보내게 될 것이다.

③ 윤 사원은 바이어 이동을 위하여 차량 배차 지원을 총무팀에 의뢰할 것이다.

④ 총무팀은 본부장과 팀장의 변경된 항공 일정에 따른 예약 상황을 영업팀 최 대리에게 통보해 줄 것이다.

 ② 최 대리와 윤 사원은 바이어 일행 체류 일정을 수립하는 업무를 담당하게 되었으며, 이것은 적절한 계획 수립을 통하여 일정이나 상황에 맞는 인원을 배치하는 일이 될 것이므로, 모든 일정에 담당자가 동반하여야 한다고 판단할 수는 없다.

① 3사분기 매출 부진 원인 분석 보고서 작성은 오 과장이 담당한다. 따라서 오 과장은 매출과 비용 집행 관련 자료를 회계팀으로부터 입수하여 분석할 것으로 판단할 수 있다.

③ 최 대리와 윤 사원은 바이어 일행의 체류 일정에 대한 업무를 담당하여야 하므로 총무팀에 차량 배차를 의뢰하게 된다.

④ 본부장과 팀장의 변경된 항공 일정 예약은 최 대리 담당이므로 항공편 예약을 주관하는 총무팀과 업무 협조가 이루어질 것으로 판단할 수 있다(일반적으로 출장 관련 항공편 예약 업무는 대부분 기업체의 총무팀, 총무부 등의 소관 업무).

ANSWER 8.②

패스트트랙

- Fast Track을 이용하려면 교통약자(보행장애인, 7세 미만 유·소아, 80세 이상 고령자, 임산부, 동반여객 2인 포함)는 본인이 이용하는 항공사의 체크인카운터에서 이용대상자임을 확인 받고 'Fast Track Pass'를 받아 Fast Track 전용출국장인 출국장 1번, 6번 출국장입구에서 여권과 함께 제시하면 됩니다.
- 인천공항 동편 전용출국통로(Fast Track, 1번 출국장), 오전 7시 ~ 오후 7시까지 운영 중이며, 운영상의 미비점을 보완하여 정식운영(동·서편, 전 시간 개장)을 개시할 예정에 있습니다.

휠체어 및 유모차 대여

공항 내 모든 안내데스크에서 휠체어 및 유모차를 필요로 하는 분께 무료로 대여하여 드리고 있습니다.

장애인 전용 화장실

- 여객터미널 내 화장실마다 최소 1실의 장애인 전용화장실이 있습니다.
- 장애인분들의 이용 편의를 위하여 넓은 출입구와 내부공간, 버튼식자동문, 비상벨, 센서작동 물내림 시설을 설치하였으며 항상 깨끗하게 관리하여 편안한 공간이 될 수 있도록 하고 있습니다.

주차대행 서비스

- 공항에서 허가된 주차대행 서비스(유료)를 이용하시면 보다 편리하고 안전하게 차량을 주차하실 수 있습니다.
- 경차, 장애인, 국가유공자의 경우 할인된 금액으로 서비스를 이용하실 수 있습니다.

장애인 주차 요금 할인

주차장 출구의 유인부스를 이용하는 장애인 차량은 장애인증을 확인 후 일반주차요금의 50%를 할인하여 드리고 있습니다.

휠체어 리프트 서비스

- 장기주차장에서 여객터미널까지의 이동이 불편한 장애인, 노약자 등 교통약자의 이용 편의 증진을 위해 무료 이동 서비스를 제공하여 드리고 있습니다.
- 여객터미널 ↔ 장기주차장, 여객터미널 ↔ 화물터미널행의 모든 셔틀버스에 휠체어 탑승리프트를 설치, 편안하고 안전하게 모시고 있습니다.

9 교통약자를 위한 서비스 중 무료로 이용할 수 있는 서비스만으로 묶인 것은?

① 주차대행 서비스, 장애인 전용 화장실 이용

② 장애인 차량 주차, 휠체어 및 유모차 대여

③ 휠체어 및 유모차 대여, 휠체어 리프트 서비스

④ 휠체어 및 유모차 대여, 주차대행 서비스

> **✓ 해설** ①④ 주차대행 서비스가 유료이다.
> ② 장애인 차량은 장애인증 확인 후 일반주차요금의 50%가 할인된다.

10 Fast Track 이용 가능한 교통약자가 아닌 사람은?

① 80세 이상 고령자   ② 임산부

③ 보행장애인   ④ 8세 아동

> **✓ 해설** ④ Fast Track 이용 가능한 교통약자는 보행장애인, 7세 미만 유소아, 80세 이상 고령자, 임산부, 동반여객 2인이다.

 아래의 글을 읽고 ⓐ의 내용을 뒷받침할 수 있는 경우로 보기 가장 어려운 것을 고르면?

범죄 사건을 다루는 언론 보도의 대부분은 수사기관으로부터 얻은 정보에 근거하고 있고, 공소제기 전인 수사 단계에 집중되어 있다. 따라서 언론의 범죄 관련 보도는 범죄사실이 인정되는지 여부를 백지상태에서 판단하여야 할 법관이나 배심원들에게 유죄의 예단을 심어줄 우려가 있다. 이는 헌법상 적법절차 보장에 근거하여 공정한 형사재판을 받을 피고인의 권리를 침해할 위험이 있어 이를 제한할 필요성이 제기된다. 실제로 피의자의 자백이나 전과, 거짓말탐지기 검사 결과 등에 관한 언론 보도는 유죄판단에 큰 영향을 미친다는 실증적 연구도 있다. 하지만 보도 제한은 헌법에 보장된 표현의 자유에 대한 침해가 된다는 반론도 만만치 않다. 미국 연방대법원은 어빈 사건 판결에서 지나치게 편향적이고 피의자를 유죄로 취급하는 언론 보도가 예단을 형성시켜 실제로 재판에 영향을 주었다는 사실이 입증되면, 법관이나 배심원이 피고인을 유죄라고 확신하더라도 그 유죄판결을 파기하여야 한다고 했다. 이 판결은 이른바 '현실적 예단'의 법리를 형성시켰다. 이후 리도 사건 판결에 와서는, 일반적으로 보도의 내용이나 행태 등에서 예단을 유발할 수 있다고 인정이 되면, 개개의 배심원이 실제로 예단을 가졌는지의 입증 여부를 따지지 않고, 적법 절차의 위반을 들어 유죄판결을 파기할 수 있다는 '일반적 예단'의 법리로 나아갔다.

셰퍼드 사건 판결에서는 유죄 판결을 파기하면서, '침해 예방'이라는 관점을 제시하였다. 즉, 배심원 선정 절차에서 상세한 질문을 통하여 예단을 가진 후보자를 배제하고, 배심원이나 증인을 격리하며, 재판을 연기하거나, 관할을 변경하는 등의 수단을 언급하였다. 그런데 법원이 보도기관에 내린 '공판 전 보도금지 명령'에 대하여 기자협회가 연방대법원에 상고한 네브래스카 기자협회 사건 판결에서는 침해의 위험이 명백하지 않은데도 가장 강력한 사전 예방 수단을 쓰는 것은 위헌이라고 판단하였다.

이러한 판결들을 거치면서 미국에서는 언론의 자유와 공정한 형사절차를 조화시키면서 범죄 보도를 제한할 수 있는 방법을 모색하였다. 그리하여 셰퍼드 사건에서 제시된 수단과 함께 형사 재판의 비공개, 형사소송 관계인의 언론에 대한 정보제공금지 등이 시행되었다. 하지만 ⓐ <u>예단 방지 수단들의 실효성을 의심하는 견해가 있고</u>, 여전히 표현의 자유와 알 권리에 대한 제한의 우려도 있어, 이 수단들은 매우 제한적으로 시행되고 있다. 그런데 언론 보도의 자유와 공정한 재판이 꼭 상충된다고만 볼 것은 아니며, 피고인 측의 표현의 자유를 존중하는 것이 공정한 재판에 도움이 된다는 견해도 있다. 이 견해는 수사기관으로부터 얻은 정보에 근거한 범죄 보도로 인하여 피고인을 유죄로 추정하는 구조에 대항하기 위하여 변호인이 적극적으로 피고인 측의 주장을 보도기관에 전하여, 보도가 일방적으로 편향되는 것을 방지할 필요가 있다고 한다. 일반적으로 변호인이 피고인을 위하여 사건에 대해 발언하는 것은 범죄 보도의 경우보다 적법 절차를 침해할 위험성이 크지 않은데도 제한을 받는 것은 적절하지 않다고 보며, 반면에 수사기관으로부터 얻은 정보를 기반으로 하는 언론 보도는 예단 형성의 위험성이 큰데도 헌법상 보호를 두텁게 받는다고 비판한다. 미국과 우리나라의 헌법상 변호인의 조력을 받을 권리는 변호인의 실질적 조력을 받을 권리를 의미한다. 실질적 조력에는 법정 밖의 적극적 변호 활동도 포함된다. 따라서 형사절차에서 피고인 측에게 유리한 정보를 언론에 제공할 기회나 반론권을 제약하지 말고, 언론이 검사 측 못지않게 피고인 측에게도 대등한 보도를 할 수 있도록 해야 한다.

① 법원이 재판을 장기간 연기했지만 재판 재개에 임박하여 다시 언론 보도가 이어진 경우

② 검사가 피의자의 진술거부권 행사 사실을 공개하려고 하였으나 법원이 검사에게 그 사실에 대한 공개 금지명령을 내린 경우

③ 변호사가 배심원 후보자에게 해당 사건에 대한 보도를 접했는지에 대해 질문했으나 후보자가 정직하게 답변하지 않은 경우

④ 법원이 관할 변경 조치를 취하였으나 이미 전국적으로 보도가 된 경우

> ✔ **해설** ② ⓐ의 이전 문장 "언론의 자유와 공정한 형사절차를 조화시키면서 범죄 보도를 제한할 수 있는 방법을 모색하였다. 그리하여 셰퍼드 사건에서 제시된 수단과 함께 형사 재판의 비공개, 형사소송 관계인의 언론에 대한 정보제공금지 등이 시행되었다."에서 볼 수 있듯이 ②의 경우에는 예단 방지를 위한 것이다. 하지만, 예단 방지 수단들에 대한 실효성이 떨어진다는 것은 알 수가 없다.

---

12 다음은 어느 쇼핑몰의 약관 일부이다. 고객관리부 사원 乙 씨가 홈페이지에 올라온 질문들에 대해서 약관에 근거하여 답변한 것으로 옳지 않은 것은?

제12조(수신확인통지, 구매신청 변경 및 취소)

① 쇼핑몰은 이용자의 구매신청이 있는 경우 이용자에게 수신확인통지를 합니다.

② 수신확인통지를 받은 이용자는 의사표시의 불일치 등이 있는 경우에는 수신확인통지를 받은 후 즉시 구매신청 변경 및 취소를 요청할 수 있고 쇼핑몰은 배송 전에 이용자의 요청이 있는 경우에는 지체 없이 그 요청에 따라 처리하여야 합니다. 다만 이미 대금을 지불한 경우에는 제15조의 청약철회 등에 관한 규정에 따릅니다.

제13조(재화 등의 공급)

① 쇼핑몰은 이용자와 재화 등의 공급시기에 관하여 별도의 약정이 없는 이상, 이용자가 청약을 한 날부터 7일 이내에 재화 등을 배송할 수 있도록 주문제작, 포장 등 기타의 필요한 조치를 취합니다. 다만, 쇼핑몰이 이미 재화 등의 대금의 전부 또는 일부를 받은 경우에는 대금의 전부 또는 일부를 받은 날부터 2영업일 이내에 조치를 취합니다. 이때 쇼핑몰은 이용자가 재화 등의 공급 절차 및 진행 사항을 확인할 수 있도록 적절한 조치를 합니다.

② 쇼핑몰은 이용자가 구매한 재화에 대해 배송수단, 수단별 배송비용 부담자, 수단별 배송기간 등을 명시합니다. 만약 쇼핑몰이 약정 배송기간을 초과한 경우에는 그로 인한 이용자의 손해를 배상하여야 합니다. 다만 쇼핑몰이 고의, 과실이 없음을 입증한 경우에는 그러하지 아니합니다.

제14조(환급)

쇼핑몰은 이용자가 구매 신청한 재화 등이 품절 등의 사유로 인도 또는 제공을 할 수 없을 때에는 지체 없이 그 사유를 이용자에게 통지하고 사전에 재화 등의 대금을 받은 경우에는 대금을 받은 날부터 2영업일 이내에 환급하거나 환급에 필요한 조치를 취합니다.

제15조(청약철회 등)

① 쇼핑몰과 재화 등의 구매에 관한 계약을 체결한 이용자는 수신확인의 통지를 받은 날부터 7일 이내에는 청약의 철회를 할 수 있습니다.

② 이용자는 재화 등을 배송 받은 경우 다음 각 호의 1에 해당하는 경우에는 반품 및 교환을 할 수 없습니다.

  1. 이용자에게 책임 있는 사유로 재화 등이 멸실 또는 훼손된 경우(다만, 재화 등의 내용을 확인하기 위하여 포장 등을 훼손한 경우에는 청약철회를 할 수 있습니다.)

  2. 이용자의 사용 또는 일부 소비에 의하여 재화 등의 가치가 현저히 감소한 경우

  3. 시간의 경과에 의하여 재판매가 곤란할 정도로 재화 등의 가치가 현저히 감소한 경우

  4. 같은 성능을 지닌 재화 등으로 복제가 가능한 경우 그 원본인 재화 등의 포장을 훼손한 경우

③ 제2항 제2호 내지 제4호의 경우에 쇼핑몰이 사전에 청약철회 등이 제한되는 사실을 소비자가 쉽게 알 수 있는 곳에 명기하거나 시용상품을 제공하는 등의 조치를 하지 않았다면 이용자의 청약철회 등이 제한되지 않습니다.

④ 이용자는 제1항 및 제2항의 규정에 불구하고 재화 등의 내용이 표시 · 광고 내용과 다르거나 계약내용과 다르게 이행된 때에는 당해 재화 등을 공급받은 날부터 3월 이내, 그 사실을 안 날 또는 알 수 있었던 날부터 30일 이내에 청약철회 등을 할 수 있습니다.

① Q. 겉포장을 뜯었는데 거울이 깨져있습니다. 교환이나 환불이 가능한가요?

　 A. 제품을 확인하기 위해서 포장을 뜯은 경우에는 교환이나 환불이 가능합니다.

② Q. 구매한 제품과 다른 색상이 왔습니다. 언제까지 교환 환불이 가능한가요?

　 A. 제품을 받으신 날부터 3개월 이내, 받으신 제품이 구매품과 다른 것을 안 날 또는 알 수 있었던 날부터 30일 이내에 교환, 환불 등의 조치를 취하실 수 있습니다.

③ Q. 책을 구매했는데 비닐 포장을 뜯었습니다. 환불이 가능한가요? 사용하지 않은 새 책입니다.

　 A. 복제가 가능한 책 등의 제품은 포장을 뜯으신 경우 환불이 불가능합니다. 하지만 도서를 구매할 당시 이 사실을 확실히 명기하지 않은 경우나 상품이 불량인 경우에는 환불하실 수 있습니다.

④ Q. 주문 완료한 상품이 품절이라고 되어있습니다. 환급은 언제 받을 수 있나요?

　 A. 입금하신 날부터 5영업일 이내에 환급해드리거나 환급에 필요한 조치를 해드립니다.

✔ **해설**　④ 5영업일을 2영업일로 수정해야 한다.

13 다음은 산업현장 안전규칙이다. 선임 W 씨가 신입으로 들어온 I 씨에게 전달할 사항으로 옳지 않은 것은?

〈산업현장 안전규칙〉

- 작업 전 안전점검, 작업 중 정리정돈은 사용하게 될 기계 · 기구 등에 대한 이상 유무 등 유해 · 위험 요인을 사전에 확인하여 예방대책을 강구하는 것으로 현장 안전관리의 출발점이다.
- 작업장 안전통로 확보는 작업장 내 통행 시 위험기계 · 기구들로부터 근로자를 보호하며 원활한 작업 진행에도 기여한다.
- 개인보호구(헬멧 등) 지급착용은 근로자의 생명이나 신체를 보호하고 재해의 정도를 경감시키는 등 재해예방을 위한 최후 수단이다.
- 전기활선 작업 중 절연용 방호기구 사용으로 불가피한 활선작업에서 오는 단락 · 지락에 의한 아크화 상 및 충전부 접촉에 의한 전격재해와 감전사고가 감소한다.
- 기계 · 설비 정비 시 잠금장치 및 표지판 부착으로 정비 작업 중에 다른 작업자가 정비중인 기계 · 설 비를 기동함으로써 발생하는 재해를 예방한다.
- 유해 · 위험 화학물질 경고표지 부착으로 위험성을 사전에 인식시킴으로써 사용 취급시의 재해를 예방 한다.
- 프레스, 전단기, 압력용기, 둥근톱에 방호장치 설치는 신체부위가 기계 · 기구의 위험부분에 들어가는 것을 방지하고 오작동에 의한 위험을 사전 차단해 준다.
- 고소작업 시 안전 난간, 개구부 덮개 설치로 추락재해를 예방할 수 있다.
- 추락방지용 안전방망 설치는 추락 · 낙하에 의한 재해를 감소할 수 있다(성능검정에 합격한 안전방망 사용).
- 용접 시 인화성 · 폭발성 물질을 격리하여 용접작업 시 발생하는 불꽃, 용접불똥 등에 의한 대형화재 또는 폭발위험성을 사전에 예방한다.

① 작업장 안전통로에 통로의 진입을 막는 물건이 있으면 안 됩니다.
② 전기활선 작업 중에는 단락 · 지락이 절대 생겨서는 안 됩니다.
③ 어떤 상황에서도 작업장에서는 개인보호구를 착용하십시오.
④ 프레스, 전단기 등의 기계는 꼭 방호장치가 설치되어 있는지 확인하고 사용하십시오.

> **✔ 해설** ② 전기활선 작업 중에 단락 · 지락은 불가피하게 발생할 수 있다. 따라서 절연용 방호기구를 사용하여야 한다.

14 밑줄 친 부분이 바르게 표기된 한자어를 고르면?

부 고

　甲회사의 민○○ 사장님의 부친이신 민○○께서 병환으로 2025년 3월 13일 오전 7시 30분에 별세하였기에 이를 고합니다. 생전의 후의에 깊이 감사드리며, 다음과 같이 영결식을 거행하게 되었음을 알려 드립니다. 대단히 송구하오나 조화와 부의는 간곡히 사양하오니 협조 있으시기 바랍니다.

다 음

1. 발인일시 : 2025년 3월 15일 (수) 오전 8시
2. 장　　소 : A병원 영안실 특2호
3. 장　　지 : B지역
4. 연 락 처 : 빈소 (02) 2457−5xxx
　　　　　　　회사 (02) 6541−2xxx

첨부 영결식 장소 (A병원) 약도 1부.
　　장 남　　　민 ○ ○
　　차 남　　　민 ○ ○
　　장례위원장 홍 ○ ○

* 조화 및 부의 사절

---

① 부고 − 附高

② 발인 − 發靷

③ 빈소 − 貧所

④ 조화 − 彫花

> **✔ 해설**　① 訃告(부고) : 사람의 죽음을 알림
> ③ 殯所(빈소) : 죽은 사람을 매장할 때까지 안치시켜 놓는 장소
> ④ 弔花(조화) : 조의를 표하는 데 쓰는 꽃

ANSWER 13.② 14.②

15 올해로 20살이 되는 5명의 친구들이 바다로 추억여행을 떠나기 위해 숙소를 정하게 되었다. 도중에 이들은 국내 숙박업소에 대한 예약·취소·환불에 관한 기사 및 그래프를 참조하였는데, 이를 보고 내용을 잘못 파악하고 있는 사람이 누구인지 고르면?

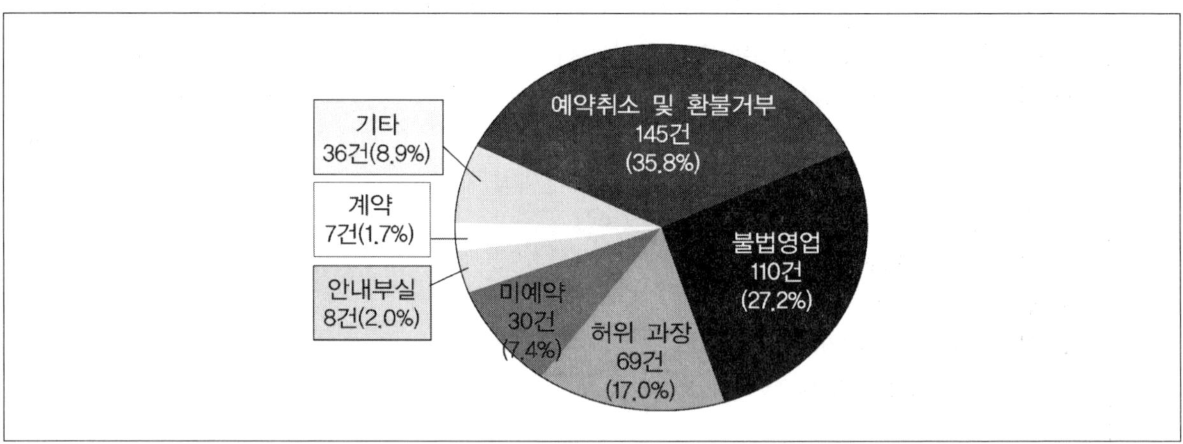

① A : 그래프에서 보면 숙박 애플리케이션 이용자들은 예약 취소 및 환불 거부 등에 가장 큰 불만을 가지고 있음을 알 수 있어.

② B : 불법영업 및 허위·과장 등도 A가 지적한 원인 다음으로 많은데 이 두 건의 차이는 41건이야.

③ C : 국내하고는 다르게 해외 업체의 경우에는 주로 불법영업 단속 요청이 많음을 알 수 있어.

④ D : 위 그래프에 제시된 것으로 보아 이용자들이 불편을 느끼는 부분들에 대해 1순위는 예약취소 및 환불거부, 2순위는 불법영업, 3순위는 허위·과장, 4순위는 미예약, 5순위는 안내부실, 6순위는 계약, 7순위는 기타의 순이야.

해설 ③ 위 내용에서 "해외 업체의 경우에는 주로 불법영업 단속 요청이 많다"는 것은 그래프를 통해 알 수가 없다.

16 다음 글의 제목으로 가장 적절한 것은?

　　사람이 살아가는 데 음식과 물만큼 중요한 것이 바로 수면이다. 수면은 단순히 눈을 감고 쉬는 시간이 아니라, 하루 동안 지친 몸과 마음을 회복하는 과정이다. 특히 깊은 수면에 들어가는 동안 뇌는 낮 사이 쌓인 정보를 정리하고 불필요한 기억을 걸러내어 새로운 학습과 기억 형성을 돕는다. 또한 수면은 성장과 건강 유지에도 필수 요소이다. 성장 호르몬은 밤에 집중적으로 분비되어 청소년의 발육을 돕고, 성인의 경우에도 손상된 조직을 회복하는 데 기여한다. 충분히 자는 습관은 면역력을 높여 각종 감염병을 예방하는 데에도 효과적이다. 반대로 수면이 부족하면 부정적인 결과가 나타난다. 집중력과 기억력이 떨어지고, 감정 조절 능력이 약해져 작은 일에도 쉽게 짜증을 내기 쉽다. 장기간의 수면 부족은 비만, 고혈압, 당뇨와 같은 성인병 발병률을 높이며, 심하면 심혈관 질환의 위험으로 이어진다. 따라서 규칙적이고 충분한 수면은 건강한 삶을 위한 가장 기본적인 조건이라고 할 수 있다. 바쁜 생활 속에서 시간을 아끼기 위해 잠을 줄이는 경우가 많지만, 장기적인 관점에서 보면 올바른 수면 습관을 지키는 것이 오히려 더 효율적이고 현명한 선택이다.

---

① 수면과 음식의 관계

② 수면 부족이 가져오는 질병

③ 수면의 중요성

④ 건강한 삶의 조건

> **✔ 해설**　③ 이 글의 중심 화제는 '수면'이며, 첫 문장 '사람이 살아가는 데 음식과 물만큼 중요한 것이 바로 수면이다'에서 주제와 관점이 명시되고 있다. 이어, 수면의 기능과 수면 부족의 부정적 결과가 언급되면서 수면의 중요성을 반복적으로 강조하고 있다. 따라서 글 전체를 가장 정확하고 간결하게 대표하는 제목으로 '수면의 중요성'이 적절하다.
> ① 글은 음식과 수면의 비교가 아니라, 수면의 중요성을 설명하고 있다. 주제에서 벗어난다.
> ② 수면 부족 시의 부작용만 다루지 않고, 수면의 기능과 이점까지 폭넓게 설명하고 있다.
> ④ 결말의 표현을 근거로 그럴듯하지만, 글 전체가 '건강한 삶의 조건 전반'을 논하는 것이 아니므로 적절하지 않다.

ANSWER 15.③　16.③

17 다음 글의 내용과 일치하지 않는 것을 고르면?

온도와 압력의 변화에 의해 지각 내 암석의 광물 조합 및 조직이 변하게 되는 것을 '변성 작용'이라고 한다. 일반적으로 약 $100 \sim 500℃$ 온도와 비교적 낮은 압력에서 일어나는 변성 작용을 '저변성 작용'이라 하고, 약 $500℃$ 이상의 높은 온도와 비교적 높은 압력에서 일어나는 변성 작용을 '고변성 작용'이라 한다.

변성 작용에 영향을 주는 여러 요인들 중에서 중요한 요인 중 하나가 온도이다. 밀가루, 소금, 설탕, 이스트, 물 등을 섞어 오븐에 넣으면 높은 온도에 의해 일련의 화학 반응이 일어나 새로운 화합물인 빵이 만들어진다. 이와 마찬가지로 암석이 가열되면 그 속에 있는 광물들 중 일부는 재결정화 되고 또 다른 광물들은 서로 반응하여 새로운 광물들을 생성하게 되어, 그 최종 산물로서 변성암이 생성된다. 암석에 가해지는 열은 대개 지구 내부에서 공급된다. 섭입이나 대륙 충돌과 같은 지각 운동에 의해 암석이 지구 내부로 이동할 때 이러한 열의 공급이 많이 일어난다. 지구 내부의 온도는 지각의 내부 환경에 따라 상승 비율이 다르지만 일반적으로 지구 내부로 깊이 들어갈수록 높아진다. 이렇게 온도가 높아지는 것은 변성 작용을 더 활발하게 일으키는 요인이 된다. 예를 들어 점토 광물을 함유한 퇴적암인 셰일이 지구 내부에 매몰되면 지구 내부의 높은 온도로 암석 내부의 광물들이 서로 합쳐지거나 새로운 광물들이 생성되어 변성암이 되는데, 저변성 작용을 받게 되면 점판암이 되고, 고변성 작용을 받게 되면 편암이나 편마암이 되는 것이다.

암석의 변성 작용을 일으키는 또 하나의 중요한 요인은 압력이다. 모든 방향에서 일정한 힘이 가해지는 압력을 '균일 응력'이라 하고, 어느 특정한 방향으로 더 큰 힘이 가해지는 압력을 '차등 응력'이라고 하는데, 변성암의 경우 주로 차등 응력 조건에서 생성되며 그 결과로 뚜렷한 방향성을 갖는 조직이 발달된다. 변성 작용이 진행됨에 따라 운모와 녹니석과 같은 광물들이 자라기 시작하며, 광물들은 층의 방향이 최대 응력 방향과 수직을 이루는 방향으로 배열된다. 이렇게 새롭게 생성된 판 형태의 운모류 광물들이 보여 주는 면 조직을 '엽리' 라고 부른다. 엽리를 보여 주는 암석들은 얇은 판으로 떨어져 나가는 경향이 있다. 그리고 엽리가 관찰될 경우 이는 변성 작용을 받았다는 중요한 근거가 된다. 저변성암은 매우 미세한 입자들로 구성되어 있어 새로 형성된 광물 입자들은 현미경을 사용하여 관찰할 수 있는데, 이때의 엽리를 '점판벽개' 라고 부른다. 반면에 고변성 작용을 받게 되면 입자들이 커지고 각 광물입자들을 육안으로 관찰할 수 있다. 이때의 엽리를 '편리'라고 부른다. 고체에 변화가 생겼을 때, 고체는 액체나 기체와 달리 고체를 변화시킨 영향을 보존하는 경향이 있다. 변성암은 고체 상태에서 변화가 일어나기 때문에 변성암에는 지각에서 일어났던 모든 일들이 보존되어 있다. 그들이 보존하고 있는 기록들을 해석하는 것이 지질학자들의 막중한 임무이다.

① 변성 작용이 일어나면 재결정화 되는 광물들이 있다.

② 변성암은 고체 상태에서 광물 조합 및 조직이 변화한다.

③ 지표의 암석들은 섭입에 의해 지구 내부로 이동될 수 있다.

④ 차등 응력 조건 하에서 광물들은 최대 응력 방향과 동일한 방향으로 배열된다.

> **✔ 해설** ④ 광물들은 차등 응력이 가해지는 방향과 수직인 방향으로 배열된다고 했으므로, 광물들이 차등 응력이 가해지는 방향과 동일한 방향으로 배열된다는 것은 적절하지 않다.

18 다음 글의 문맥상 빈칸 ㈎에 들어갈 가장 적절한 말은 어느 것인가?

> 인간은 사회적 존재로서 타인과 관계를 맺으며 살아간다. 이는 단순한 만남을 넘어 상호작용을 통해 서로의 생각과 감정을 주고받는 과정이며, 원만한 인간관계는 개인에게 심리적 안정과 소속감을 제공하고 사회적 협력을 가능하게 한다. 그러나 인간관계가 언제나 긍정적인 결과만을 가져오지는 않는다. 오해와 갈등이 발생하면 관계가 긴장되거나 단절되기도 한다.
>
> 인간관계 고민은 성장 과정에서부터 성인이 된 이후까지 부딪히게 된다. 사회 경험이 쌓이더라도 관계의 문제는 완전히 사라지지 않기 때문에 많은 사람들이 인간관계에 대한 조언을 구하거나 관련 서적을 찾는데, 이는 인간관계가 개인의 삶에서 얼마나 중요한 위치를 차지하는지를 보여준다.
>
> 학자들은 인간관계를 이해하는 데 있어 두 가지 측면을 강조한다. 하나는 인간관계가 개인의 선택과 노력에 의해 형성·유지된다는 점이다. 예컨대 적극적인 의사소통과 배려는 갈등을 예방하고 관계의 질을 높인다. 다른 하나는 인간관계가 사회적·문화적 맥락 속에서 규정된다는 점이다. 즉, 같은 행동이라도 사회적 규범이나 문화적 기대에 따라 다르게 받아들여질 수 있다.
>
> 이처럼 (㈎   ) 따라서 인간관계를 이해한다는 것은 단순히 개인 간의 호불호를 넘어서, 그 관계가 어떤 맥락 속에서 형성·발전·변화하는지를 살펴보는 과정이라 할 수 있다.

① 인간관계는 시간이 지나면서 자연스럽게 형성되므로 특별한 노력 없이도 유지될 수 있다.

② 인간관계의 갈등을 줄이기 위해서는 무엇보다 개인의 감정을 억제하는 태도가 필요하다.

③ 인간관계는 개인적 요인과 사회적 요인이 복합적으로 작용하는 가운데 형성된다.

④ 인간관계의 문제는 개인의 성격이나 태도에 의해서 결정되는 경우가 많다.

> ✔해설 ③ 앞 문단에서는 인간관계를 이해하는 두 가지 측면으로 개인의 선택과 노력, 그리고 사회문화적 맥락을 제시하고 있다. 따라서 두 요인이 함께 작용하여 인간관계가 형성된다는 내용을 정리한 문장이 이어지는 것이 자연스럽다.

 다음 글의 밑줄 친 부분을 고쳐 쓰기 위한 방안으로 적절하지 않은 것은?

> 기상 관측 기구에서 발표한 자료에 따르면 지난 100년간 지구 온도가 뚜렷하게 상승하고 있다고 한다. ㉠ 그러나 지구가 점점 더워지고 있다는 말이다. 산업 혁명 이후 석탄과 석유 등의 화석연료를 지속적으로 사용한 결과로 다량의 온실 가스가 대기로 배출되었기 때문에 지구 온난화 현상이 심화된 것이다. ㉡ 비록 작은 것일지라도 실천할 수 있는 방법들을 찾아보아야 한다. 자전거를 타거나 걸어다니는 것을 실천해야겠다. ㉢ 나는 이번 여름에는 꼭 수영을 배울 것이다. 또, 과대 포장된 물건의 구입을 ㉣ 지향해야겠다.

① ㉠은 부적절하므로 '다시 말하면'으로 바꾼다.

② ㉡은 '일지라도'와 호응하지 않으므로 '만약'으로 바꾼다.

③ ㉢은 글의 통일성을 깨뜨리므로 삭제한다.

④ ㉣은 의미상 어울리지 않으므로 '지양'으로 바꾼다.

✔해설 ② '만약'은 '혹시 있을지도 모르는 뜻밖의 경우'를 뜻하므로 '~라면'과 호응한다.

20 다음은 라디오 대담의 일부이다. 대담 참여자의 말하기 방식에 대한 설명으로 가장 적절하지 않은 것을 고르면?

> 진행자 : 청취자 여러분, 안녕하세요. 오늘은 A법률 연구소에 계신 법률 전문가를 모시고 생활 법률 상식을 배워보겠습니다. 안녕하세요?
>
> 전문가 : 네, 안녕하세요. 오늘은 '정당행위'에 대해 말씀드리고자 합니다. 먼저 여러분께 문제 하나 내보겠습니다. 만약 영웅이 도시를 파괴하려는 악당들과 싸우다 남의 건물을 부쉈다면, 부서진 건물은 누가 배상해야 할까요?
>
> 진행자 : 일반적인 경우라면 건물을 부순 사람이 보상해야겠지만, 이런 경우에 정의를 위해 악당과 싸운 영웅에게 보상을 요구하는 것은 좀 지나친 것 같습니다.
>
> 전문가 : 청취자 여러분들도 이와 비슷한 생각을 하실 것 같은데요, 이런 경우에는 영웅의 행위를 악당으로부터 도시를 지키기 위한 행위로 보고 「민법」 761조 1항에 의해 배상책임을 면할 수 있도록 하고 있습니다. 이때 영웅의 행위를 '정당행위'라고 합니다.
>
> 진행자 : 아, 그러니까 악당으로부터 도시를 지키기 위해 싸운 영웅의 행위가 '정당행위'이고, 정당행위로 인한 부득이한 손해는 배상할 필요가 없다는 뜻이군요.
>
> 전문가 : 네, 맞습니다. 그래야 영웅의 경우처럼 불의를 보고 나섰다가 오히려 손해를 보는 일이 없겠죠.
>
> 진행자 : 그런데 문득 이런 의문이 드네요. 만약 영웅에게 배상을 받을 수 없다면 건물 주인은 누구에게 배상을 받을 수 있을까요?
>
> 전문가 : 그래서 앞서 말씀드린 「민법」 동일 조항에서는 정당행위로 인해 손해를 입은 사람이 애초에 불법행위를 저질러 손해의 원인을 제공한 사람에게 배상을 청구할 수 있도록 하고 있습니다. 즉 건물 주인은 악당에게 손해배상을 청구할 수 있습니다.

① 진행자는 화제와 관련된 질문을 던지며 대담을 진전시키고 있다.

② 진행자는 전문가가 한 말의 핵심 내용을 재확인함으로써 청취자들의 이해를 돕고 있다.

③ 전문가는 구체적인 법률 근거를 제시하여 신뢰성을 높이고 있다.

④ 전문가는 추가적인 정보를 제시함으로써 진행자의 오해를 바로 잡고 있다.

> ✔**해설** ④ 제시문은 라디오 대담 상황으로, 진행자와 전문가의 대담을 통해 '정당행위'의 개념과 배상 책임 면제에 관한 법리를 쉽게 설명해 주고 있다. 전문가는 마지막 말에서 추가적인 정보를 제시하고 있지만 그것을 통해 진행자의 오해를 바로잡고 있는 것은 아니다.

21 다음은 농어촌 주민의 보건복지 증진을 위해 추진하고 있는 방안을 설명하는 글이다. 주어진 단락 (가) ~ (라) 중 농어촌의 사회복지서비스를 소개하고 있는 단락은?

> (가) 급격한 농어촌 고령화에 따라 농어촌 지역에 거주하는 보호가 필요한 거동 불편노인, 독거노인 등에게 맞춤형 대책을 제공하기 위해 노인 돌보기, 농어촌 지역 노인의 장기 요양 욕구 충족 및 부양 가족의 부담 경감을 위한 노인요양시설 확충 등을 추진하고 있다.
>
> (나) 「농업·농촌 공익기능 증진 직접지불제도 운영에 관한 법률」에 따라 농어민에게 공익직불금을 지급함으로써 농어촌 주민의 소득 안정과 생활 안정을 도모하고 있다. 또한 농어민 가구가 자부담한 보육비용의 일부와 농어업에 직접 사용된 대출금의 상환이자 일부 등을 소득 산정에서 제외하고, 경작농지 등 농어업과 직접 관련되는 재산의 일부에 대해서도 소득환산에서 제외하고 있다.
>
> (다) 농어민에 대한 국민연금보험료 지원을 위해 기준소득월액에 따라 보험료의 50% 범위 내 또는 정액 지원을 제공하며, 이를 통해 농어촌 주민의 안정적인 노후 소득 보장을 강화하고 있다.
>
> (라) 농어촌 지역 주민의 암 조기발견 및 조기치료를 유도하기 위한 국가 암 검진 사업을 지속적으로 추진하고, 농어촌 재가암환자서비스 강화를 통하여 농어촌 암환자의 삶의 질 향상, 가족의 환자 보호·간호 등에 따른 부담 경감을 도모하고 있다.

① (가)
② (나)
③ (다)
④ (라)

✔**해설** ① (가)의 내용은 농어촌 특성에 적합한 고령자에 대한 복지서비스를 제공하는 모습을 설명하고 있다.

22 다음 중 문서작성의 원칙으로 옳은 것을 모두 고른 것은?

> ㉠ 상대방의 이해를 돕기 위해 풍부한 미사여구를 사용한다.
> ㉡ 문서의미 전달에 반드시 필요하지 않은 경우 한자의 사용을 자제한다.
> ㉢ 부정문이나 의문문을 적절하게 사용한다.
> ㉣ 간단한 표제를 붙인다.
> ㉤ 주요한 내용을 먼저 쓴다.

① ㉠, ㉡, ㉢
② ㉡, ㉢, ㉣
③ ㉡, ㉣, ㉤
④ ㉢, ㉣, ㉤

✔**해설** ㉠ 문장은 짧고 간결하게 작성하도록 한다.
㉢ 부정문이나 의문문은 되도록 피하고 긍정문으로 작성한다.

23 다음은 N사의 단독주택용지 수의계약 공고문 중 일부이다. 공고문의 내용을 바르게 이해한 것은?

[○○ 블록형 단독주택용지(1필지) 수의계약 공고]

1. 공급대상토지

면적(m^2)	세대 수 (호)	평균규모 (m^2)	용적률 (%)	공급가격 (천 원)	계약보증금 (원)	사용가능 시기
25,479	63	400	100% 이하	36,944,550	3,694,455,000	즉시

2. 공급일정 및 장소

일정	2026년 1월 11일 오전 10시부터 선착순 수의계약 (토 · 일요일 및 공휴일, 업무시간 외는 제외)
장소	N사 ○○지역본부 1층

3. 신청자격 : 아래 두 조건을 모두 충족한 자
   - 실수요자 : 공고일 현재 주택법에 의한 주택건설사업자로 등록한 자
   - 3년 분할납부(무이자) 조건의 토지매입 신청자

   ※ 납부 조건 : 계약체결 시 계약금 10%, 중도금 및 잔금 90%(6개월 단위 6회 납부)

4. 계약체결 시 구비서류
   - 법인등기부등본 및 사업자등록증 사본 각 1부
   - 법인인감증명서 1부 및 법인인감도장(사용인감계 및 사용인감)
   - 대표자 신분증 사본 1부(위임 시 위임장 1부 및 대리인 신분증 제출)
   - 주택건설사업자등록증 1부
   - 계약금 납입영수증

---

① 계약이 체결되면 즉시 해당 토지에 단독주택을 건설할 수 있다.

② 계약체결 후 첫 번째 내야 할 중도금은 5,250,095,000원이다.

③ 규모 $400m^2$의 단독주택용지를 일반 수요자에게 분양하는 공고이다.

④ 계약에 대한 보증금이 공급가격보다 더 높아 실수요자에게 부담을 줄 우려가 있다.

> ✔ **해설** ① 부지 용도가 단독주택용지이고 토지사용 가능시기가 '즉시'라는 공고를 통해 계약만 이루어지면 즉시 이용이 가능한 토지임을 알 수 있다.
> ② 계약체결 후 남은 금액은 공급가격에서 계약금을 제외한 33,250,095,000원이다. 이를 무이자로 3년간 6회에 걸쳐 납부해야 하므로 첫 번째 내야 할 중도금은 5,541,682,500원이다.
> ③ 규모 400㎡의 단독주택용지를 주택건설업자에게 분양하는 공고이다.
> ④ 계약금은 공급가격의 10%로 보증금이 더 적다.

ANSWER 21.① 22.③ 23.①

24 다음의 개요를 수정·보완하기 위한 방안으로 적절하지 않은 것은?

제목 : 정규직 파트타임제의 도입을 위한 제안

Ⅰ. 정규직 파트타임제의 의미 : 하나의 일자리를 두 명의 정규직 근로자가 나누어 갖는 제도

Ⅱ. 정규직 파트타임제의 장점

  1. 기업

    가. 집중력의 향상으로 인한 효율성 증대

    나. 아이디어의 다양화로 인한 업무의 활력 증가

  2. 개인

    가. 건강 증진 및 자기 계발 시간의 확보

    나. 육아 및 가사 문제의 해결

  3. 정부

    가. 고용 창출 효과

    나. 소득세원의 증가

Ⅲ. 정규직 파트타임제의 도입 시 예상되는 문제점

  1. 기업

    가. 업무와 연속성 저해 가능성

    나. 인력 관리 부담의 증가

  2. 개인

    가. 적은 보수로 인한 불만

    나. 가사 노동 증가 우려

Ⅳ. 정규직 파트타임제의 필요성

  1. 기업 : 직원들의 요구를 적극적으로 수용하려는 태도

  2. 개인

    가. 보수에 대한 인식의 전환

    나. 업무의 연속성을 확보하려는 노력

  3. 정부 : 정규직 파트타임제의 도입을 장려하는 법률 제정

Ⅴ. 정규직 파트타임제 도입의 의의 : 육아 및 가사 문제로 인한 저출산 문제의 해결

① Ⅱ의 구조에 대응하여 Ⅲ에 '정부 : 비정규직의 증가로 인한 고용 불안 가능성'이라는 항목을 추가한다.

② Ⅲ-2의 '가사 노동 증가 우려'는 개요의 통일성을 해치므로 삭제한다.

③ Ⅳ는 하위 항목들의 내용을 아우르지 못하므로 '정규직 파트타임제 정착의 요건'으로 고친다.

④ Ⅳ-2의 '인식의 전환'을 '보수보다는 삶의 질에 가치를 두는 태도'로 구체화한다.

> **✅ 해설** ① Ⅱ의 구조에 대응하여 Ⅲ에 정부 차원에서의 문제점을 추가하는 것은 바람직하지만, 정규직 파트타임제에 관해 다루고 있으므로 '비정규직의 증가로 인한 고용 불안 가능성'이라는 내용은 적절하지 않다.

25 다음 회의록의 내용을 보고 올바른 판단을 내리지 못한 것을 고르면?

인사팀 4월 회의록			
회의일시	2025년 4월 30일 14:00 ~ 15:30	회의장소	대회의실(예약)
참석자	팀장, 남 과장, 허 대리, 김 대리, 이 사원, 명 사원		
회의안건	• 직원 교육훈련 시스템 점검 및 성과 평가 • 차기 교육 프로그램 운영 방향 논의		

진행결과 및 협조
요청
	〈총평〉
	• 1사분기에는 지난해보다 학습목표시간을 상향조정(직급별 10 ~ 20시간)하였음에도 평균 학습시간을 초과하여 달성하는 등 상시학습문화가 정착됨
	  – 1인당 평균 학습시간: 지난해 4사분기 22시간 → 올해 1사분기 35시간
	• 다만, 고직급자와 계약직은 학습 실적이 목표에 미달하였는바, 앞으로 학습 진도에 대하여 사전 통보하는 등 학습목표 달성을 적극 지원할 필요가 있음
	  – 고직급자 : 목표 30시간, 실적 25시간, 계약직 : 목표 40시간, 실적 34시간
	〈운영방향〉
	• 전 직원 일체감 형성을 위한 비전공유와 '매출 증대, 비용 절감' 구현을 위한 핵심과제 등 주요사업 시책교육 추진
	• 직원이 가치창출의 원천이라는 인식하에 생애주기에 맞는 직급별 직무역량교육 의무화를 통해 인적자본 육성 강화
	• 자기주도적 상시학습문화 정착에 기여한 학습관리시스템을 현실에 맞게 개선하고, 조직 간 인사교류를 확대		

① 올 1사분기에는 지난해보다 1인당 평균 학습시간이 50% 이상 증가하였다.

② 전체적으로 1사분기의 교육시간 이수 등의 성과는 우수하였다.

③ 2사분기에는 일부 직원들에 대한 교육시간이 1사분기보다 더 증가할 전망이다.

④ 2사분기에는 각 직급에 보다 적합한 교육이 시행될 것이다.

✔해설 ③ 고위직급자와 계약직 직원들에 대한 학습목표 달성을 지원해야 한다는 논의가 되고 있으므로 그에 따른 실천 방안이 있을 것으로 판단할 수 있으나, 교육 시간 자체가 더 증가할 것으로 전망하는 것은 근거가 제시되어 있지 않은 의견이다.

① 22시간 → 35시간으로 약 59% 증가하였다.

② 평균 학습시간을 초과하여 달성하는 등 상시학습문화가 정착되었다고 평가하고 있다.

④ 생애주기에 맞는 직급별 직무역량교육 의무화라는 것은 각 직급과 나이에 보다 적합한 교육이 실시될 것임을 의미한다.

ANSWER 24.① 25.③

26 다음 글을 읽고 〈보기〉의 질문에 답을 할 때 가장 적절한 것은?

　　다세포 생물체는 신경계와 내분비계에 의해 구성 세포들의 기능이 조절된다. 이 중 내분비계의 작용은 내분비선에서 분비되는 호르몬에 의해 일어난다. 호르몬을 분비하는 이자는 소화선인 동시에 내분비선이다. 이자 곳곳에는 백만 개 이상의 작은 세포 집단들이 있다. 이를 랑게르한스섬이라고 한다. 랑게르한스섬에는 인슐린을 분비하는 β 세포와 글루카곤을 분비하는 α 세포가 있다.

　　인슐린의 주된 작용은 포도당이 세포 내로 유입되도록 촉진하여 혈액에서의 포도당 농도를 낮추는 것이다. 또한 간에서 포도당을 글리코겐의 형태로 저장하게 하며 세포에서의 단백질 합성을 증가시키고 지방 생성을 촉진한다.

　　한편 글루카곤은 인슐린과 상반된 작용을 하는데, 그 주된 작용은 간에 저장된 글리코겐을 포도당으로 분해하여 혈액에서의 포도당 농도를 증가시키는 것이다. 또한 아미노산과 지방산을 저장 부위에서 혈액 속으로 분리시키는 역할을 한다.

　　인슐린과 글루카곤의 분비는 혈당량에 의해 조절되는데 식사 후에는 혈액 속에 포함되어 있는 포도당의 양, 즉 혈당량이 증가하기 때문에 β 세포가 자극을 받아서 인슐린 분비량이 늘어난다. 인슐린은 혈액 중의 포도당을 흡수하여 세포로 이동시키며 이에 따라 혈당량이 감소되고 따라서 인슐린 분비량이 감소된다. 반면 사람이 한참 동안 음식을 먹지 않거나 운동 등으로 혈당량이 70mg/dl 이하로 떨어지면 랑게르한스섬의 α 세포가 글루카곤 분비량을 늘린다. 글루카곤은 간에 저장된 글리코겐을 분해하여 포도당을 만들어 혈액으로 보내게 된다. 이에 따라 혈당량은 다시 높아지게 되는 것이다. 일반적으로 8시간 이상 공복 후 혈당량이 99mg/dl 이하인 경우 정상으로, 126mg/dl 이상인 경우는 당뇨로 판정한다. 포도당은 뇌의 에너지원으로 사용되는데, 인슐린과 글루카곤이 서로 반대되는 작용을 통해 이 포도당의 농도를 정상 범위로 유지시키는 데 크게 기여한다.

〈보기〉

　　인슐린에 대해서는 어느 정도 이해를 했습니까? 오늘은 '인슐린 저항성'에 대해 알아보도록 하겠습니다. 인슐린의 기능이 떨어져 세포가 인슐린에 효과적으로 반응하지 못하는 것을 인슐린 저항성이라고 합니다. 그럼 인슐린 저항성이 생기면 우리 몸속에서는 어떤 일이 일어나게 될지 설명해 보시겠습니까?

---

① 혈액 중의 포도당 농도가 높아지게 됩니다.

② 이자가 인슐린과 글루카곤을 과다 분비하게 됩니다.

③ 간에서 포도당을 글리코겐으로 빠르게 저장하게 됩니다.

④ 아미노산과 지방산을 저장 부위에서 분리시키게 됩니다.

> ✔ **해설**　① 인슐린의 기능은 혈액으로부터 포도당을 흡수하여 세포로 이동시켜 혈액에서의 포도당의 농도를 낮추는 것인데, 인슐린의 기능이 저하될 경우 이러한 기능을 수행할 수 없기 때문에 혈액에서의 포도당 농도가 높아지게 된다.

 다음 글에 대한 설명으로 가장 옳지 않은 것을 고르면?

> ### 우리 선조의 생활상을 엿보다
> #### – '전통 복식 문화 전시회' 열려 –
>
> 지난 1월 1일부터 K문화원에서 전통 복식 문화 연구원의 주최로 '전통 복식 문화 전시회'가 열리고 있다.
>
> 전통 복식 문화 연구원은 그동안 수집해 온 총 500여 점의 전통 복식을 이번 전시회를 통해 일반인 앞에 처음으로 선보였다. 전시관은 세 개의 관으로 구성되어 있는데, 각 관에는 왕족, 양반, 평민이 입었던 옷과 장신구가 전시되고 있다. 행사 관계자인 김 씨는 "박물관에서도 볼 수 없는 희귀 전시물이 많고, 전시물에 대해 쉽고 자세히 설명해 주는 해설사도 있으니 많이 방문하기 바랍니다."라고 말했다. 전시는 이번 달 31일까지이며, 전시 시간은 오전 9시부터 오후 8시까지이다. 입장료는 무료이다.

① 객관적인 입장에서 정보를 제공하고 있다.

② 전통 복식 문화 전시회의 개최를 알리는 글이다.

③ 사실을 정확하게 알리고 있는 글이다.

④ 글쓴이의 정서와 생각이 반영되어 있다.

✔ **해설** ④ 위의 글은 전통 복식 문화 전시회 개최를 알리는 글로써 사실 정보를 객관적으로 전달하는 글이다.

ANSWER 26.① 27.④

28 아웃도어 업체에 신입사원으로 입사한 박 사원이 다음의 기사를 요약하여 상사에게 보고해야 할 때 적절하지 못한 내용은?

아웃도어 브랜드 '기능성 티셔츠' 허위·과대 광고 남발

    국내에서 판매되고 있는 유명 아웃도어 브랜드의 반팔 티셔츠 제품들이 상당수 허위·과대 광고를 하고 있는 것으로 나타났다. 소비자시민모임은 30일 甲타워에서 기자회견을 열고 '15개 아웃도어 브랜드의 등산용 반팔 티셔츠 품질 및 기능성 시험 통과 시험 결과'를 발표했다. 소비자시민모임은 2025년 신상품을 대상으로 아웃도어 의류 매출 상위 7개 브랜드 및 중소기업 8개 브랜드 총 15개 브랜드의 제품을 선정해 시험·평가했다. 시험결과 '자외선 차단' 기능이 있다고 표시·광고하고 있는 A사, B사 제품은 자외선 차단 가공 기능이 있다고 보기 어려운 수준인 것으로 드러났다. C사, D사 2개 제품은 제품상에 별도 부착된 태그에서 표시·광고하고 있는 기능성 원단과 실제 사용된 원단에 차이가 있는 것으로 확인됐다. D사, E사, F사 등 3개 제품은 의류에 부착된 라벨의 혼용율과 실제 혼용율에 차이가 있는 것으로 조사됐다. 또 일부 제품의 경우 '자외선(UV) 차단 기능 50+'라고 표시·광고했지만 실제 테스트 결과는 이에 못 미치는 것으로 나타났다. 반면, 기능성 품질 비교를 위한 흡수성, 건조성, 자외선차단 시험 결과에서는 G사, H사 제품이 흡수성이 좋은 것으로 확인되었다.

    소비자시민모임 관계자는 "일부 제품에서는 표시·광고하고 있는 기능성 사항이 실제와는 다르게 나타났다."며 "무조건 제품의 광고를 보고 고가 제품의 품질을 막연히 신뢰하기 보다는 관련 제품의 라벨 및 표시 정보를 꼼꼼히 확인해야 한다."고 밝혔다. 이어 "소비자의 합리적인 선택을 유도할 수 있도록 기능성 제품에 대한 품질 기준 마련이 필요하다."며 "표시 광고 위반 제품에 대해서는 철저한 관리 감독을 요구한다."고 촉구했다.

① A사와 B사 제품은 자외선 차단 효과가 낮고, C사와 D사는 태그에 표시된 원단과 실제 원단이 달랐다.

② 소비자시민모임은 '15개 아웃도어 브랜드의 등산용 반팔티셔츠 품질 및 기능성 시험 결과'를 발표했다.

③ G사와 H사 제품은 흡수성이 좋은 것으로 확인되었다.

④ 거의 모든 제품에서 표시·광고하고 있는 기능성 사항이 실제와는 다르게 나타났다.

> **✔해설** ④ 일부 제품에서 표시·광고하고 있는 사항이 실제와 다른 것이며 G사와 H사의 경우 제품의 흡수성이 좋은 것으로 확인되었기 때문에 거의 모든 제품이라고 단정하면 안 된다.

29 다음 중 문서를 이해하는 데 있어서 필요한 능력으로 가장 거리가 먼 것은?

① 문서를 읽고 이해할 수 있는 능력

② 상황에 적합한 문서를 시각적이고 효과적으로 작성하기 위한 능력

③ 각종 문서에 수록된 정보를 확인하여 자신에게 필요한 정보를 구별하고 비교할 수 있는 능력

④ 문서에 나타난 타인의 의견을 요약·정리할 수 있는 능력

> **✔해설** ② 상황에 적합한 문서를 시각적이고 효과적으로 작성하기 위한 능력은 문서작성에 필요한 능력이다.

30 다음 글을 읽고 〈보기〉에서 '통계적 경향'을 나타내는 것을 모두 고르면?

어떤 현상을 이해할 때 사람들은 개별 사례와 통계적 경향을 혼동하기 쉽다. 개별 사례는 특정 시점이나 상황에서 나타난 단일한 사건을 의미한다. 반면 통계적 경향은 오랜 기간 동안 반복적으로 나타나는 평균적인 특징을 의미한다. 따라서 어떤 현상이 통계적 경향에 해당하는지 판단하기 위해서는 단기간의 사례가 아니라 장기간에 걸친 자료의 축적이 필요하다.

〈보기〉

가. 올해 여름에는 평년보다 비가 많이 왔다.
나. 이 지역은 대체로 여름철 강수량이 다른 계절보다 많다.
다. 최근 50년간 이 지역의 평균 기온이 지속적으로 상승하고 있다.
라. 오늘 아침에는 안개가 짙게 끼었다.

---

① 가, 나
② 가, 다
③ 나, 다
④ 다, 라

> **✔해설** 나 : 특정 지역에서 계절마다 반복적으로 나타나는 강수 특성은 장기간 관찰을 통해 파악되는 평균적인 경향이므로 통계적 경향에 해당한다.
> 다 : 50년간의 장기 자료를 바탕으로 한 평균적 변화이므로 통계적 경향에 해당한다.

ANSWER 28.④ 29.② 30.③

[문제해결능력] 출제유형

① 사고력 : 개인이 가지고 있는 경험과 지식을 통해 가치 있는 아이디어를 산출하는 사고능력이다. 논리문제
  가 주로 출제된다.
② 문제처리능력 : 목표를 분석하고 이를 토대로 문제를 도출하여 최적의 해결책을 찾는 문제이다.

[문제해결능력] 출제경향

사고력과 문제처리능력을 파악할 수 있는 문항들로 구성된다. 논리적 사고 및 분석적 사고의 개념, 명제 및
진위관계, 브레인스토밍, SWOT 분석을 통한 문제 도출, 주어진 상황을 고려하여 비용 및 시간, 순서 등을
파악하는 등의 유형이 문제해결능력 문제로 출제된다. 특히 최근에는 기본 개념을 묻는 문제가 다수 출제되었
으므로 개념 이해에 유의하는 것이 좋다.

[문제해결능력] 빈출유형

명제 및 진위관계											
SWOT 분석											
논리 개념											
자료해석											

예제 01 문제처리능력

D회사 신입사원으로 입사한 귀하는 신입사원 교육에서 업무수행과정 중 발생하는 설정형 문제를 하나씩 찾아오라는 지시를 받았다. 이에 대해 당신은 교육받은 내용을 다시 복습하려고 한다. 설정형 문제에 해당하는 것은?

① 현재 직면하여 해결하기 위해 고민하는 문제

② 현재의 상황을 개선하거나 효율을 높이기 위한 문제

③ 앞으로 어떻게 할 것인가 하는 문제

④ 원인이 내재되어 있는 원인지향적인 문제

출제의도

업무수행 중 문제가 발생하였을 때 문제 유형을 구분하는 능력을 측정하는 문항이다.

해설

업무수행과정에서 발생하는 문제 유형으로는 발생형 문제, 탐색형 문제, 설정형 문제가 있으며 ①④는 발생형 문제이며 ②는 탐색형 문제, ③이 설정형 문제이다.

답 ③

예제 02 사고력

M사 홍보팀에서 근무하고 있는 당신은 입사 5년차로 창의적인 기획안을 제출하기로 유명하다. S 부장은 이번 신입사원 교육 때 당신에게 창의적인 사고란 무엇인지 설명하는 교육을 맡아달라고 부탁하였다. 창의적인 사고에 대한 당신의 설명으로 옳지 않은 것은?

① 창의적인 사고는 새롭고 유용한 아이디어를 생산해 내는 정신적인 과정이다.

② 창의적인 사고는 특별한 사람들만이 할 수 있는 대단한 능력이다.

③ 창의적인 사고는 기존의 정보들을 특정한 요구조건에 맞거나 유용하도록 새롭게 조합시킨 것이다.

④ 창의적인 사고는 통상적인 것이 아니라 기발하거나, 신기하며 독창적인 것이다.

출제의도

창의적 사고에 대한 개념을 정확히 파악하고 있는지를 묻는 문항이다.

해설

창의적인 사고는 이미 알고 있는 경험과 지식을 해체하여 다시 새로운 정보로 결합하여 가치 있는 아이디어를 산출하는 사고라고 할 수 있다.

답 ②

예제 03 문제처리능력

L사에서 주력 상품으로 밀고 있는 TV의 판매 이익이 감소하고 있는 상황에서 당신은 B 부장으로부터 3C분석을 통해 해결방안을 강구해 오라는 지시를 받았다. 다음 중 3C에 해당하지 않는 것은?

① Customer

② Company

③ Competitor

④ Content

출제의도

3C의 개념과 구성요소를 정확히 숙지하고 있는지를 측정하는 문항이다.

해설

3C 분석에서 사업 환경을 구성요소는 사(Company), 경쟁사(Competitor), 고객을 3C (Customer)이다.

답 ④

예제 04 문제처리능력

C사는 최근 국내 매출이 지속적으로 하락하고 있어 사내 분위기가 심상치 않다. Y 부장은 이 문제를 극복하고자 문제처리 팀을 구성하여 해결방안을 모색하도록 지시하였다. 문제처리 팀의 문제해결 절차를 올바른 순서로 나열한 것은?

① 문제 인식 → 원인 분석 → 해결안 개발 → 문제 도출 → 실행 및 평가

② 문제 도출 → 문제 인식 → 해결안 개발 → 원인 분석 → 실행 및 평가

③ 문제 인식 → 원인 분석 → 문제 도출 → 해결안 개발 → 실행 및 평가

④ 문제 인식 → 문제 도출 → 원인 분석 → 해결안 개발 → 실행 및 평가

출제의도

실제 업무 상황에서 문제가 일어났을 때 해결 절차를 알고 있는지를 측정하는 문항이다.

해설

일반적인 문제해결절차는 '문제 인식 → 문제 도출 → 원인 분석 → 해결안 개발 → 실행 및 평가'로 이루어진다.

답 ④

1   다음 상황과 조건을 근거로 판단할 때 옳은 것은?

〈상황〉

보건소에서는 이번 달 1일(월)부터 30일까지 한 달 동안 재학생을 대상으로 금연교육, 금주교육, 성교육을 각각 4, 3, 2회 실시하려는 계획을 가지고 있다.

〈조건〉

- 금연교육은 정해진 같은 요일에만 주 1회 실시하고, 화 · 수 · 목요일 중 해야 한다.
- 금주교육은 월 · 금요일을 제외한 다른 요일에 시행하며, 주 2회 이상 실시하지 않는다.
- 성교육은 10일 이전, 같은 주에 이틀 연속으로 실시한다.
- 22 ~ 26일은 중간고사 기간이며, 이 기간에는 어떠한 교육도 실시할 수 없다.
- 교육은 하루에 하나만 실시할 수 있으며, 주말에는 교육을 실시할 수 없다.
- 모든 교육은 반드시 이번 달 내에 완료해야 한다.

---

① 이번 달 마지막 날에도 교육이 있다.

② 금연교육이 가능한 요일은 화 · 수요일이다.

③ 금주교육은 마지막 주에도 실시된다.

④ 성교육이 가능한 일정 조합은 두 가지 이상이다.

✔ 해설

월	화	수	목	금	토	일
1	2(금연)	3	4(성교육)	5(성교육)	6(X)	7(X)
8	9(금연)	10	11	12	13(X)	14(X)
15	16(금연)	17	18	19	20(X)	21(X)
22(X)	23(X)	24(X)	25(X)	26(X)	27(X)	28(X)
29	30(금연)					

- 화 · 수 · 목 중 금연교육을 4회 실시하기 위해 반드시 화요일에 해야 한다.
- 10일 이전, 같은 주에 이틀 연속으로 성교육을 실시할 수 있는 날짜는 4 ~ 5일 뿐이다.
- 금주교육은 (3,10,17), (3,10,18), (3,11,17), (3,11,18) 중 실시할 수 있다.

2 다음은 지역 간의 시차를 계산하는 방법에 대한 설명이다. 다음을 참고할 때, 동경 135도에 위치한 인천에서 서경 120도에 위치한 로스앤젤레스로 출장을 가야 하는 최 과장이 도착지 공항에 현지 시각 7월 10일 오전 11시까지 도착하기 위해서 탑승해야 할 가장 늦은 항공편은 어느 것인가? (비행시간 이외의 시간은 고려하지 않는다.)

> 시차 계산 요령은 다음과 같은 3가지의 원칙을 적용할 수 있다.
> 1. 같은 경도(동경과 동경 혹은 서경과 서경)인 경우는 두 지점을 빼서 15로 나누되, 더 숫자가 큰 쪽이 동쪽에 위치한다는 뜻이므로 시간도 더 빠르다.
> 2. 또한, 본초자오선과의 시차는 한국이 영국보다 9시간 빠르다는 점을 적용하면 된다.
> 3. 경도가 다른 경우(동경과 서경)는 두 지점을 더해서 15로 나누면 되고 역시 동경이 서경보다 더 동쪽에 위치하므로 시간도 더 빠르게 된다.

항공편명	출발일	출발 시각	비행시간
KR107	7월 9일	오후 11시	
AE034	7월 9일	오후 2시	
KR202	7월 9일	오후 7시	12시간
AE037	7월 10일	오후 10시	
KR204	7월 10일	오후 4시	

① KR107
② AE034
③ KR202
④ KR204

✔ **해설** ④ 출발지와 도착지는 경도가 다른 지역이므로 주어진 설명의 3번에 해당된다. 따라서 두 지점의 시차를 계산해 보면 (135 + 120) ÷ 5 = 17시간이 된다.

또한, 인천이 로스앤젤레스보다 더 동쪽에 위치하므로 인천이 로스앤젤레스보다 17시간이 빠르게 된다. 다시 말해, 로스앤젤레스가 인천보다 17시간이 느리다. 따라서 최 과장이 도착지에 7월 10일 오전 11시까지 도착하기 위해서는 비행시간이 12시간이므로 도착지 시간 기준 늦어도 7월 9일 오후 11시에는 출발지에서의 탑승이 이루어져야 한다. 그러므로 7월 9일 오후 11시를 출발지 시간으로 환산하면, 7월 10일 오후 4시가 된다. 따라서 최 과장이 탑승할 수 있는 가장 늦은 항공편은 KR204임을 알 수 있다.

3 S 그룹의 K부서에서는 자기 부서의 정책을 홍보하기 위해 책자를 제작해 배포하는 프로젝트를 진행하였다. 프로젝트 진행 과정이 다음과 같을 때, 프로젝트 결과에 대한 평가로 항상 옳은 것을 모두 고르면?

> 이번에 K부서에서는 자기 부서의 정책을 홍보하기 위해 책자를 제작해 배포하였다. 이 홍보 사업에 참여한 K부서의 팀은 A와 B 두 팀이다. 두 팀은 각각 500권의 정책홍보 책자를 제작하였다. 그러나 책자를 어떤 방식으로 배포할 것인지에 대해 두 팀 간에 차이가 있었다. A팀은 자신들이 제작한 K부서의 모든 정책홍보책자를 서울이나 부산에 배포한다는 지침에 따라 배포하였다. 한편, B팀은 자신들이 제작한 K부서 정책홍보책자를 서울에 모두 배포하거나 부산에 모두 배포한다는 지침에 따라 배포하였다. 사업이 진행된 이후 배포된 결과를 살펴보기 위해서 서울과 부산을 조사하였다. 조사를 담당한 한 직원은 A팀이 제작·배포한 K부서 정책홍보책자 중 일부를 서울에서 발견하였다.
>
> 한편, 또 다른 직원은 B팀이 제작·배포한 K부서 정책홍보책자 중 일부를 부산에서 발견하였다. 그리고 배포 과정을 검토해 본 결과, 이번에 A팀과 B팀이 제작한 K부서 정책 홍보책자는 모두 배포되었다는 것과, 책자가 배포된 곳과 발견된 곳이 일치한다는 것이 확인되었다.

> ㉠ 부산에는 500권이 넘는 K부서 정책홍보책자가 배포되었다.
> ㉡ 서울에 배포된 K부서 정책홍보책자의 수는 부산에 배포된 K부서 정책홍보책자의 수보다 적다.
> ㉢ A팀이 제작한 K부서 정책홍보책자가 부산에서 발견되었다면, 부산에 배포된 K부서 정책홍보책자의 수가 서울에 배포된 수보다 많다.

① ㉠　　　　　　　　　　　　　　　② ㉢

③ ㉠, ㉡　　　　　　　　　　　　　④ ㉡, ㉢

✔해설 ② B팀은 자신들이 제작한 K부서 정책홍보책자를 서울에 모두 배포하거나 부산에 모두 배포한다는 지침에 따라 배포하였는데, B팀이 제작·배포한 K부서 정책홍보책자 중 일부를 부산에서 발견하였으므로, B팀의 책자는 모두 부산에 배포되었다.
A팀이 제작·배포한 책자 중 일부를 서울에서 발견하였지만, A팀은 자신들이 제작한 K부서의 모든 정책홍보책자를 서울이나 부산에 배포한다는 지침에 따라 배포하였으므로, 모두 서울에 배포되었는지는 알 수 없다.
따라서 항상 옳은 평가는 ㉢뿐이다.

4 신입사원 A는 상사로부터 아직까지 '올해의 K인상' 투표에 참여하지 않은 사원들에게 투표 참여 안내 문자를 발송하라는 지시를 받았다. 다음에 제시된 내용을 바탕으로 할 때, A가 문자를 보내야하는 사원은 몇 명인가?

　　'올해의 K인상' 후보에 총 5명(甲 ～ 戊)이 올랐다. 수상자는 120명의 신입사원 투표에 의해 결정되며 투표규칙은 다음과 같다.

• 투표권자는 한 명당 한 장의 투표용지를 받고, 그 투표용지에 1순위와 2순위 각 한 명의 후보자를 적어야 한다.

• 투표권자는 1순위와 2순위로 동일한 후보자를 적을 수 없다.

• 투표용지에 1순위로 적힌 후보자에게는 5점이, 2순위로 적힌 후보자에게는 3점이 부여된다.

• '올해의 K인상'은 개표 완료 후, 총 점수가 가장 높은 후보자가 수상하게 된다.

• 기권표와 무효표는 없다.

현재 투표까지 중간집계 점수는 다음과 같다.

후보자	중간집계 점수
甲	360점
乙	15점
丙	170점
丁	70점
戊	25점

---

① 50명

② 45명

③ 40명

④ 35명

✔해설　③ 1명의 투표권자가 후보자에게 줄 수 있는 점수는 1순위 5점, 2순위 3점으로 총 8점이다. 현재 투표까지 중간집계 점수가 640이므로 80명이 투표에 참여하였으며, 아직 투표에 참여하지 않은 사원은 120 − 80 = 40명이다. 따라서 신입사원 A는 40명의 사원에게 문자를 보내야 한다.

5 다음 제시된 인물인 사토 히로시(Sato Hiroshi)가 중요하게 생각한 것으로 가장 적절한 것은?

> 1980년대 일본의 한 전자회사에서 연구개발팀을 이끌던 사토 히로시는 직원들의 연구 방식에 대해 독특한 철학을 가지고 있었다. 그는 연구원들이 새로운 아이디어를 제시하는 과정에서 실패를 두려워해서는 안 된다고 강조하였다. 연구 과정에서 예상하지 못한 결과가 나오더라도 그것이 새로운 발견으로 이어질 수 있기 때문이다. 그는 직원들에게 기존의 방식만을 반복하기보다 새로운 접근 방법을 시도해 보도록 장려하였으며, 실험과 탐색을 통해 문제를 해결하도록 독려하였다. 이러한 분위기 속에서 연구원들은 자유롭게 의견을 제시하고 다양한 시도를 하게 되었고, 이는 회사의 새로운 기술 개발로 이어졌다.

① 분석적 사고

② 비판적 사고

③ 창의적 사고

④ 논리적 사고

> ✔해설 ③ 지문에서는 기존 방식에 얽매이지 않고 새로운 아이디어와 시도를 장려하며 실패를 두려워하지 않는 태도를 강조하고 있다. 이는 새로운 해결 방법과 아이디어를 만들어 내는 창의적 사고의 특징에 해당한다.

6 D 기관의 기획팀에서 근무하는 민수 씨는 업무 수행 과정에서 합리적인 판단의 중요성을 느끼고 의사결정 과정에 대해 조사하였다. 조사 결과 일반적으로 의사결정은 일정한 절차에 따라 이루어지며, 그 과정은 여러 단계로 구성되어 있다는 것을 알게 되었다. 다음 중 의사결정 과정에서 가장 먼저 이루어지는 단계는 무엇인가?

① 대안 선택   ② 결과 평가

③ 문제 인식   ④ 대안 분석

> ✔해설 ③ 의사결정 과정은 일반적으로 '문제 인식 → 대안 탐색 → 대안 분석 → 대안 선택 → 결과 평가'의 순서로 이루어진다.

7 논리적 사고의 개발 방법으로 옳은 것은?

① '그래서 무엇이지?'라고 자문자답한다.

② 질문의 결과에 가장 집중한다.

③ 결론을 먼저 정한 뒤 그에 맞는 근거를 찾는다.

④ 다수의 의견을 기준으로 주장에 대한 근거를 설정한다.

> **✔해설** ① 논리적 사고란 주어진 정보와 근거를 바탕으로 사실 간의 관계를 체계적으로 분석하여 결론을 도출하는 사고
> 능력이다. 논리적 사고의 개발 방법에는 크게 피라미드 구조와 'so what' 기법이 있다.

8 다음 제시문을 읽고 바르게 추론한 것을 〈보기〉에서 모두 고른 것은?

> A회사에서는 1,500명의 소속직원들이 마실 생수를 구입하기로 하였다. 모든 조건이 동일한 두 개
> 의 생수회사가 최종 경쟁을 하게 되었다. 구입 담당자는 직원들에게 시음하게 하여 직원들이 가장 좋
> 아하는 생수를 선정하고자 하였다. 다음과 같은 절차를 통하여 구입 담당자가 시음회를 주관하였다.
> • 직원들로부터 더 많이 선택 받은 생수회사를 최종적으로 선정한다.
> • 생수 시음회 참여를 원하는 직원을 대상으로 신청자를 접수하고 그 중 남자 15명과 여자 15명을 무
> 작위로 선정하였다.
> • 두 개의 컵을 마련하여 하나는 1로 표기하고 다른 하나는 2로 표기하여 회사이름을 가렸다.
> • 참가직원들은 1번 컵의 생수를 마신 후 2번 컵의 생수를 마시고 둘 중 어느 쪽을 선호하는지 표시하
> 였다.

> 〈보기〉
> ㉠ 참가자들이 특정 번호를 선호할 가능성을 고려하지 못하였다.
> ㉡ 참가자가 무작위로 선정되었으므로 전체 직원에 대한 대표성이 확보되었다.
> ㉢ 참가자의 절반은 2번 컵을 먼저 마시고 1번 컵을 나중에 마시도록 했어야 한다.
> ㉣ 우리나라의 남녀 비율이 50대 50이므로 남자직원과 여자직원을 동수로 뽑은 것은 적절하였다.

① ㉠, ㉡ ② ㉠, ㉢

③ ㉡, ㉢ ④ ㉡, ㉣

> **✔해설** ㉡ 참가자는 무작위로 선정한 것이 아니라 시음회의 참여를 원하는 직원을 대상으로 선정하였기 때문에 전체 직원
> 에 대한 대표성이 확보되었다고 보기는 어렵다.
> ㉣ 대표성을 확보하기 위해서는 우리나라의 남녀 비율이 아닌 A회사의 남녀 비율을 고려하여 선정하는 것이 더 적
> 절하다.

ANSWER 5.③ 6.③ 7.① 8.②

9 다음으로부터 추론한 것으로 옳은 것은?

> 갑, 을, 병, 정이 문구점에서 산 학용품에 대해 다음과 같은 사실이 있다.
> - 갑은 연필, 병은 지우개, 정은 샤프심을 샀다.
> - 을은 매직을 사지 않았다.
> - 갑이 산 학용품을 을도 샀다.
> - 갑과 병은 같은 학용품을 사지 않았다.
> - 갑, 을, 병은 각각 2종류의 학용품을 샀다.
> - 갑은 매직을 사지 않았다.
> - 갑, 을, 병, 정은 연필, 지우개, 샤프심, 매직 외의 학용품을 사지 않았다.

① 을은 연필을 사지 않았다.

② 을과 병이 공통으로 산 학용품이 있다.

③ 병은 사지 않았지만 정이 산 학용품이 있다.

④ 3명이 공통으로 산 학용품은 없다.

✔ **해설** ③ 갑, 을, 병이 구매한 학용품은 다음과 같다.

구매자	연필	지우개	샤프심	매직
갑	○	×	○	×
을	○	×	○	×
병	×	○	×	○
정	×	×	○	×

10

> • 민수는 병식이보다 나이가 많다.
> • 나이가 많은 사람이 용돈을 더 많이 받는다.
> • 기완이는 병식이보다 더 많은 용돈을 받는다.

① 민수의 나이가 가장 많다.

② 기완이의 나이가 가장 많다.

③ 민수는 기완이보다 나이가 많다.

④ 병식이가 가장 어리다.

✔ 해설 ④ 세 사람의 나이는 '민수 > 병식, 기완 > 병식'이고, 기완이와 민수 중 나이가 누가 더 많은지는 알 수 없다. 주어진 정보로 알 수 있는 사실은 병식이가 가장 어리다는 것이다.

11

> • 책 읽는 것을 좋아하는 사람은 집중력이 높다.
> • 성적이 좋지 않은 사람은 집중력이 높지 않다.
> • 미경이는 1학년 5반이다.
> • 1학년 5반의 어떤 학생은 책 읽는 것을 좋아한다.

① 미경이는 책 읽는 것을 좋아한다.

② 미경이는 집중력이 높지 않다.

③ 1학년 5반의 어떤 학생은 집중력이 높다.

④ 1학년 5반의 모든 학생은 성적이 좋다.

✔ 해설 ③ 1학년 5반의 어떤 학생은 책 읽는 것을 좋아하고, 책 읽는 것을 좋아하는 사람은 집중력이 높으므로 1학년 5반의 어떤 학생은 집중력이 높다는 결론은 반드시 참이 된다.

ANSWER 9.③ 10.④ 11.③

12

> • 어떤 육식동물은 춤을 잘 춘다.
> • 모든 호랑이는 노래를 잘한다.
> • 모든 늑대는 춤을 잘 춘다.
> • 호랑이와 늑대는 육식동물이다.

① 어떤 육식동물은 노래를 잘한다.

② 어떤 늑대는 노래를 잘한다.

③ 모든 호랑이는 춤도 잘 추고, 노래도 잘한다.

④ 모든 육식동물은 춤을 잘 춘다.

> ✔해설 ① 모든 호랑이는 어떤 육식동물에 포함되므로 '모든 호랑이는 노래를 잘한다.'라는 전제를 통해 참이 되는 것을 알 수 있다.

13

> • 모든 호랑이는 뱀을 먹지 않는다.
> • 어떤 뱀은 개구리를 먹는다.
> • 어떤 여우는 뱀을 먹는다.
> • 뱀을 먹는 동물은 개구리를 먹는다.

① 호랑이는 개구리를 먹지 않는다.

② 어떤 여우도 개구리를 먹지 않는다.

③ 모든 호랑이는 여우를 먹는다.

④ 어떤 여우는 개구리를 먹는다.

> ✔해설 ④ 어떤 여우는 뱀을 먹는다. → 뱀을 먹는 동물은 개구리를 먹는다.
> ∴ 어떤 여우는 개구리를 먹는다.

14

> • 동호회 정모에 찬수가 참석하면 민희도 반드시 참석한다.
>
> • 지민이와 태수 중 적어도 한 명은 반드시 참석한다.
>
> • 저번 주 동호회 정모에서 지민이는 민희를 만났다.
>
> • 이번 주 동호회 정모에 지민이와 민희 둘 다 나오지 않았다.

① 찬수는 이번 주 동호회 모임에 나왔다.　　② 태수는 이번 주 동호회 모임에 나왔다.

③ 찬수는 저번 주 동호회 모임에 나왔다.　　④ 태수는 저번 주 동호회 모임에 나왔다.

✔ **해설**　② 찬수, 민희, 지민, 태수의 동호회 참석은 다음 표와 같다.

	저번 주	이번 주
찬수	?	불참
민희	참석	불참
지민	참석	불참
태수	?	참석

① 찬수는 이번 주 동호회 모임에 나오지 않았다.

③④ 찬수와 태수의 저번 주 동호회 모임 참여 여부는 알 수 없다.

15　서울 출신 두 명과 강원도 출신 두 명, 충청도, 전라도, 경상도 출신 각 1명이 다음의 조건대로 줄을 선다. 앞에서 네 번째에 서는 사람의 출신지역은 어디인가?

> • 충청도 사람은 맨 앞 또는 맨 뒤에 선다.
>
> • 서울 사람은 서로 붙어 서있어야 한다.
>
> • 강원도 사람 사이에는 다른 지역 사람 1명이 서있다.
>
> • 경상도 사람은 앞에서 세 번째에 선다.

① 서울　　　　　　　　　　② 강원도

③ 충청도　　　　　　　　　④ 전라도

✔ **해설**　② 경상도 사람은 앞에서 세 번째에 서고 강원도 사람 사이에는 다른 지역 사람이 서있어야 하므로 강원도 사람은 경상도 사람의 뒤쪽으로 서게 된다. 서울 사람은 서로 붙어있어야 하므로 첫 번째, 두 번째에 선다. 충청도 사람은 맨 앞 또는 맨 뒤에 서야 하므로 맨 뒤에 서게 된다. 강원도 사람 사이에는 자리가 정해지지 않은 전라도 사람이 서게 된다. '서울 – 서울 – 경상도 – 강원도 – 전라도 – 강원도 – 충청도'가 줄을 서는 순서이다.

ANSWER　12.①　13.④　14.②　15.②

16 다음 조건에 따를 때, 거짓말을 하는 나쁜 사람을 모두 고르면?

> • 5명은 착한 사람이 아니면 나쁜 사람이며 중간적인 성향은 없다.
> • 5명 중 3명은 항상 진실만을 말하는 착한 사람이고, 2명은 항상 거짓말만 하는 나쁜 사람이다.
> • 5명의 진술은 다음과 같다.
> － 주영 : 나는 착한 사람이다.
> － 영철 : 주영이가 착한 사람이면, 창진이도 착한 사람이다.
> － 혜미 : 창진이가 나쁜 사람이면, 주영이도 나쁜 사람이다.
> － 창진 : 민준이가 착한 사람이면, 주영이도 착한 사람이다.
> － 민준 : 주영이는 나쁜 사람이다.

① 주영, 창진

② 영철, 민준

③ 주영, 민준

④ 창진, 혜미

✔해설 ① 주영이와 민준이의 진술이 모순이므로 둘 중에 하나는 거짓말을 하고 있다.
　　㉠ 주영이가 참말을 하고 민준이가 거짓말을 하는 경우 : 창진이의 진술은 민준이와 주영이가 동시에 착한 사람이 될 수 없으므로 거짓이다. 따라서 창진이가 나쁜 사람이면 주영이도 나쁜 사람이라는 혜미의 진술 또한 거짓이다. 따라서 2명이 거짓을 말한다는 조건에 모순된다.
　　㉡ 주영이가 거짓말 하고 민준이가 참말을 하는 경우 : 창진이의 진술은 민준이와 주영이가 동시에 착한 사람이 될 수 없으므로 거짓이다. 따라서 창진이가 나쁜 사람이면 주영이도 나쁜 사람이라는 혜미의 진술은 참이 되고 영철의 진술 또한 참이 된다. 따라서 거짓말을 하는 나쁜 사람은 주영이와 창진이다.

17 다음은 5가지의 영향력을 행사하는 방법과 순정, 석일이의 발언이다. 순정이와 석일이의 발언은 각각 어떤 방법에 해당하는가?

〈영향력을 행사하는 방법〉

• 합리적 설득 : 논리와 사실을 이용하여 제안이나 요구가 실행 가능하고, 그 제안이나 요구가 과업 목표 달성을 위해 필요하다는 것을 보여주는 방법
• 연합 전술 : 영향을 받는 사람들이 제안을 지지하거나 어떤 행동을 하도록 만들기 위해 다른 사람의 지지를 이용하는 방법
• 영감에 호소 : 이상에 호소하거나 감정을 자극하여 어떤 제안이나 요구사항에 몰입하도록 만드는 방법
• 교환 전술 : 제안에 대한 지지에 상응하는 대가를 제공하는 방법
• 합법화 전술 : 규칙, 공식적 방침, 공식 문서 등을 제시하여 제안의 적법성을 인식시키는 방법

〈발언〉

• 순정 : 이 기획안에 대해서는 이미 개발부와 재정부가 동의했습니다. 여러분들만 지지해준다면 계획을 성공적으로 완수할 수 있을 것입니다.
• 석일 : 이 기획안은 우리 기업의 비전과 핵심가치들을 담고 있습니다. 이 계획이야말로 우리가 그동안 염원했던 가치를 실현함으로써 회사의 발전을 이룩할 수 있는 기회라고 생각합니다. 여러분이 그동안 고생한 만큼 이 계획은 성공적으로 끝마쳐야 합니다.

① 순정 : 합리적 설득, 석일 : 영감에 호소
② 순정 : 연합 전술, 석일 : 합법화 전술
③ 순정 : 연합 전술, 석일 : 영감에 호소
④ 순정 : 영감에 호소, 석일 : 합법화 전술

✔해설 ㉠ 순정 : 다른 사람들의 지지를 이용하기 때문에 '연합 전술'에 해당한다.
ㄴ 석일 : 기업의 비전과 가치를 언급함으로써 이상에 호소하여 제안에 몰입하도록 하기 때문에 '영감에 호소'에 해당한다.

18 글로벌 컴퓨터 회사 중 하나인 D사는 해외시장을 넓히기 위해 각종 광고매체수단과 함께 텔레마케터를 고용하여 현지 마케팅을 진행 중에 있다. 아래의 내용을 읽고 조건에 비추어 보았을 때 상담원 입장으로서는 고객으로부터 자사 제품에 대한 호기심 및 관심을 끌어내야 하는 어려운 상황에 처해 있다. 이때 C에 들어갈 말로 가장 적절한 항목을 고르면? (단, C에서 정황상 고객은 경쟁사의 제품을 구입하고자 마음을 정한 상황이다.)

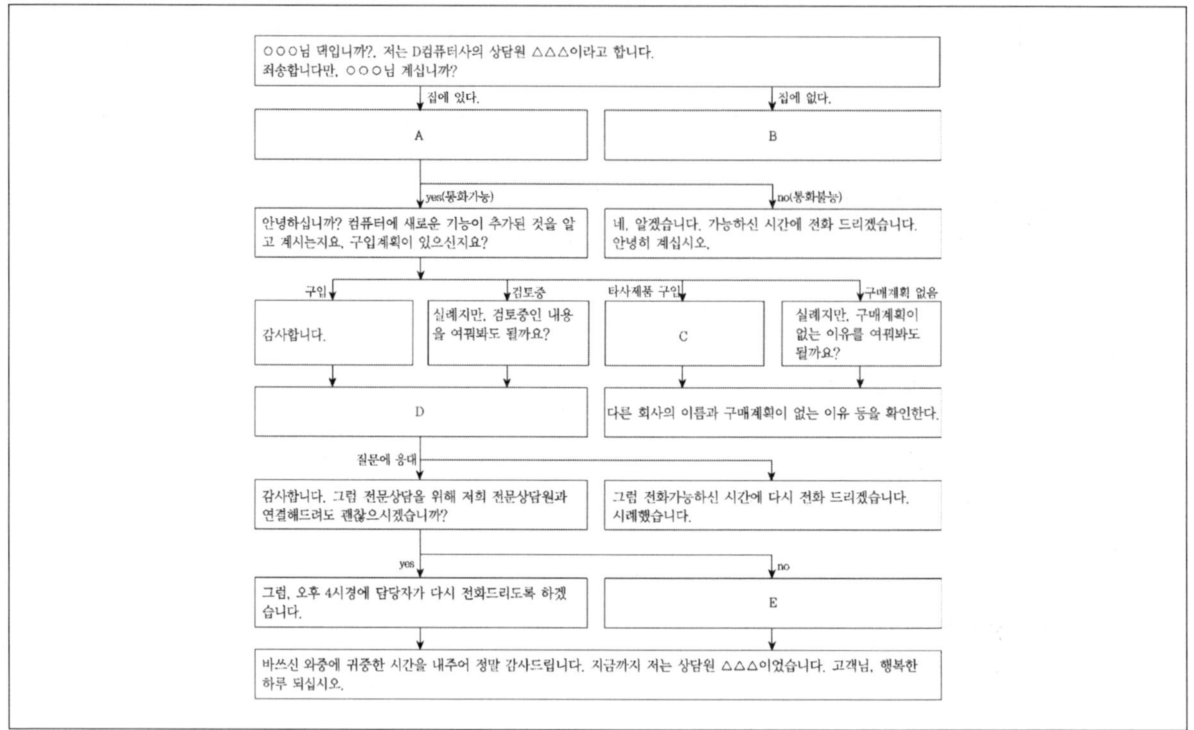

① 지금 고객님께서 부재중이시니 언제쯤 통화가 될 수 있는지 여쭤봐도 될런지요? 저의 명함을 드리고 갈 테니 고객님께서 돌아오시면 제가 방문 드렸다고 메모 부탁드리겠습니다.

② 고객님께서 상당히 많이 바쁘신 것 같습니다. 추후에 고객님께서 통화가능하신 시간에 다시 전화 드리도록 하겠습니다.

③ 저는 D 컴퓨터사 상담원입니다. 저희 회사에서 이번에 보급형 컴퓨터가 나왔는데 지금 통화 가능하신지요?

④ 그러면 고객님 실례지만 고객님께서 구매하고자 하는 컴퓨터는 어느 회사의 제품인지, 또한 그 제품을 선택하신 이유가 무엇인지 여쭤 봐도 될런지요?

 ④ 고객이 다른 제품을 구입하겠다는 계획에 적극적인 대응을 해야 한다. 고객 답변에 호응하는 언어를 구사하고, 다른 회사 제품의 종류나 왜 그 제품을 구매하는 이유에 대해서도 반드시 물어보아야 한다.
① 이 경우에는 고객이 집에 없는 경우에 사용해야 하는 부분으로 상담원 본인의 소개 및 전화를 한 이유가 언급되어 있다. 하지만, C의 경우에 상담원과 고객이 대화를 하고 있으므로 이 또한 해당 상황에 대한 답으로는 부적절하다.
② 고객은 마음속으로 다른 이유 때문에 상담에 호응할 수 없는 단계에서 나타난 대답이다. 하지만 정황상 고객은 상담원과의 대화가 지속되는 것에 대해서는 무리가 없으므로 역시 부적절한 내용이다.
③ 상담의 도입단계로서 인사 표현을 명확히 하고, 상담원의 신원을 밝힌 후 전화를 건 이유와 전화통화 가능 여부를 확인하는 부분이다.

19 다음 조건을 만족할 때, 백 대리의 비밀번호에 쓰일 수 없는 숫자는 어느 것인가?

> • 백 대리는 회사 컴퓨터에 비밀번호를 설정해 두었으며, 비밀번호는 1 ~ 9까지의 숫자 중 중복되지 않은 네 개의 숫자이다.
> • 네 자리의 비밀번호는 오름차순으로 정리되어 있으며, 네 자릿수의 합은 20이다.
> • 가장 큰 숫자는 8이며, 짝수가 2개, 홀수가 2개이다.
> • 짝수 2개는 연이은 자릿수에 쓰이지 않았다.

① 3

② 4

③ 5

④ 6

 ④ 오름차순으로 정리되어 있으므로 마지막 숫자가 8이다. 따라서 앞의 세 개의 숫자는 1 ~ 7까지의 숫자들이며, 이를 더해 12가 나와야 한다. 8을 제외한 세 개의 숫자가 4이하의 숫자만으로 구성되어 있다면 12가 나올 수 없으므로 5, 6, 7중 하나 이상의 숫자는 반드시 사용되어야 한다. 또한 짝수와 홀수가 각각 2개씩이어야 한다.
세 번째 숫자가 7일 경우 앞 두 개의 숫자의 합은 5가 되어야 하므로 1, 4 또는 2, 3이 가능하여 1478, 2378의 비밀번호가 가능하다.
세 번째 숫자가 6일 경우 앞 두 개의 숫자는 모두 홀수이면서 합이 6이 되어야 하므로 1, 5가 가능하나, 이 경우 1568의 네 자리는 짝수가 연이은 자릿수에 쓰였으므로 비밀번호 생성이 불가능하다.
세 번째 숫자가 5일 경우 앞 두 개의 숫자의 합은 7이어야 하며 홀수와 짝수가 한 개씩이어야 한다. 따라서 3458이 가능하다.
결국 가능한 비밀번호는 1478, 2378, 3458의 세 가지가 되어 이 비밀번호에 쓰일 수 없는 숫자는 6이 되는 것을 알 수 있다.

ANSWER 18.④ 19.④

▌20~21 ▌ 다음은 ○○협회에서 주관한 학술세미나 일정에 관한 것으로 다음 세미나를 준비하는 데 필요한 일, 각각의 일에 걸리는 시간, 일의 순서 관계를 나타낸 표이다. 제시된 표를 바탕으로 물음에 답하시오. (단, 모든 작업은 동시에 진행할 수 없다.)

〈세미나 준비 현황〉

구분	작업	작업시간	먼저 행해져야 할 작업
가	세미나 장소 세팅	1일	바
나	현수막 제작	2일	다, 마
다	세미나 발표자 선정	1일	라
라	세미나 기본계획 수립	2일	없음
마	세미나 장소 선정	3일	라
바	초청자 확인	2일	라

20 현수막 제작을 시작하기 위해서는 최소 며칠이 필요하겠는가?

① 3일   ② 4일
③ 5일   ④ 6일

> ✔ **해설** ④ 현수막을 제작하기 위해서는 라, 다, 마가 선행되어야 한다. 따라서 세미나 기본계획 수립(2일) + 세미나 발표자 선정(1일) + 세미나 장소 선정(3일) = 최소한 6일이 소요된다.

21 세미나 기본계획 수립에서 세미나 장소 세팅까지 모든 작업을 마치는 데 필요한 시간은?

① 10일   ② 11일
③ 12일   ④ 13일

> ✔ **해설** ② 각 작업에 걸리는 시간을 모두 더하면 총 11일이다.

22 甲은행은 합숙 신입생 OT는 4일간(월~ 목) 체력 훈련 A, B, C, D와 인문 특강 Ⅰ, Ⅱ, Ⅲ, Ⅳ를 한 번 씩 꼭 들어야 한다. 서원 씨는 하루에 체력 훈련 한 가지와 인문 특강 한 가지를 하기로 계획하였고, 다음 〈원칙〉을 지키기로 하였다. 훈련 D와 특강 Ⅱ를 목요일에 하기로 계획했을 때 반드시 참인 것은?

〈원칙〉

㉠ 훈련 A와 특강 Ⅱ를 같은 날에 할 수 없다.

㉡ 훈련 B와 특강 Ⅲ를 같은 날에 해야 한다.

㉢ 훈련 C를 한 날 바로 다음 날 훈련 A를 해야 한다.

㉣ 특강 Ⅳ를 한 날 이후에 특강 Ⅲ를 해야 한다.

---

① 훈련 A는 월요일에 해야 한다.

② 훈련 C는 화요일에 해야 한다.

③ 특강 Ⅰ은 수요일에 해야 한다.

④ 특강 Ⅲ는 수요일에 해야 한다.

✔해설 ④ D와 Ⅱ는 목요일에 하고, B와 Ⅲ는 같은 날 하되 월요일에 할 수 없다. 그러므로 B와 Ⅲ를 화요일이나 수요일에 해야 하는데, C와 A를 연이어 해야 하므로, B와 Ⅲ를 화요일에 할 수 없고 수요일에 할 수 밖에 없다. 여기까지 도표로 정리하면 Ⅰ과 Ⅳ만 정해지지 않고 나머지는 모두 결정이 된다.

구분	월	화	수	목
체력 훈련(A · B · C · D)	C	A	B	D
인문 특강(Ⅰ · Ⅱ · Ⅲ · Ⅳ)			Ⅲ	Ⅱ

이때 주의할 점은 '특강 Ⅳ는 월요일에 해야 한다.'가 반드시 참은 아니라는 것이다. 특강 Ⅳ는 화요일에 할 수도 있다. 따라서 항상 참인 것은 '특강 Ⅲ는 수요일에 해야 한다.'이다.

23 다음은 특보의 종류 및 기준에 관한 자료이다. ㉠과 ㉡의 상황에 어울리는 특보를 올바르게 짝지은 것은?

〈특보의 종류 및 기준〉

종류	주의보	경보
강풍	육상에서 풍속 14m/s 이상 또는 순간풍속 20m/s 이상이 예상될 때. 다만, 산지는 풍속 17m/s 이상 또는 순간풍속 25m/s 이상이 예상될 때	육상에서 풍속 21m/s 이상 또는 순간풍속 26m/s 이상이 예상될 때. 다만, 산지는 풍속 24m/s 이상 또는 순간풍속 30m/s 이상이 예상될 때
호우	6시간 강우량이 70mm 이상 예상되거나 12시간 강우량이 110mm 이상 예상될 때	6시간 강우량이 110mm 이상 예상되거나 12시간 강우량이 180mm 이상 예상될 때
태풍	태풍으로 인하여 강풍, 풍랑, 호우 현상 등이 주의보 기준에 도달할 것으로 예상될 때	태풍으로 인하여 풍속이 17m/s 이상 또는 강우량이 100mm 이상 예상될 때. 다만, 예상되는 바람과 비의 정도에 따라 아래와 같이 세분한다. <table><tr><td></td><td>3급</td><td>2급</td><td>1급</td></tr><tr><td>바람(m/s)</td><td>17~24</td><td>25~32</td><td>33이상</td></tr><tr><td>비(mm)</td><td>100~249</td><td>250~399</td><td>400이상</td></tr></table>
폭염	6월~9월에 일최고기온이 33℃ 이상이고, 일최고열지수가 32℃ 이상인 상태가 2일 이상 지속될 것으로 예상될 때	6월~9월에 일최고기온이 35℃ 이상이고, 일최고열지수가 41℃ 이상인 상태가 2일 이상 지속될 것으로 예상될 때

㉠ 태풍이 남해안에 상륙하여 울산지역에 270mm의 비와 함께 풍속 26m/s의 바람이 예상된다.

㉡ 지리산에 오후 3시에서 오후 9시 사이에 약 130mm의 강우와 함께 순간풍속 28m/s가 예상된다.

	㉠	㉡
①	태풍경보 1급	호우주의보
②	태풍경보 2급	호우경보＋강풍주의보
③	태풍주의보	강풍주의보
④	태풍경보 2급	호우경보＋강풍경보

✔ 해설 ㉠ 태풍경보 표를 보면 알 수 있다. 비가 270mm이고 풍속 26m/s에 해당하는 경우는 태풍경보 2급이다.

㉡ 6시간 강우량이 130mm 이상 예상되므로 호우경보에 해당하며 산지의 경우 순간풍속 28m/s 이상이 예상되므로 강풍주의보에 해당한다.

24 Z회사에 근무하는 7명의 직원이 교육을 받으려고 한다. 교육실에서 직원들이 앉을 좌석의 조건이 다음과 같을 때 직원 중 빈자리 바로 옆 자리에 배정받을 수 있는 사람은?

〈교육실 좌석〉

첫 줄	A	B	C
중간 줄	D	E	F
마지막 줄	G	H	I

〈조건〉

- 직원은 강훈, 연정, 동현, 승만, 문성, 봉선, 승일 7명이다.
- 서로 같은 줄에 있는 좌석들끼리만 바로 옆 자리일 수 있다.
- 봉선의 자리는 마지막 줄에 있다.
- 동현이의 자리는 승만이의 바로 옆 자리이며, 또한 빈 자리 바로 옆이다.
- 승만이의 자리는 강훈이의 바로 뒷 자리이다.
- 문성이와 승일이는 같은 줄의 좌석을 배정 받았다.
- 문성이나 승일이는 누구도 강훈이의 바로 옆 자리에 배정받지 않았다.

① 승만   ② 문성

③ 연정   ④ 봉선

✔해설 ③ 주어진 조건을 정리해 보면 마지막 줄에는 봉선, 문성, 승일이가 앉게 되며 중간 줄에는 동현이와 승만이가 앉게 된다. 그러나 동현이가 승만이 바로 옆 자리이며, 또한 빈자리가 바로 옆이라고 했으므로 승만이는 빈자리 옆에 앉지 못한다. 첫 줄에는 강훈이와 연정이가 앉게 되고 빈자리가 하나 있다. 따라서 연정이는 빈 자리 옆에 배정 받을 수 있다.

25 甲회사에 근무하고 있는 채 과장은 거래 업체를 선정하고자 한다. 업체별 현황과 평가기준이 다음과 같을 때, 선정되는 업체는?

〈업체별 현황〉

업체명	시장매력도	정보화수준	접근가능성
	시장규모(억 원)	정보화순위	수출액(백만 원)
A업체	550	106	9,103
B업체	333	62	2,459
C업체	315	91	2,597
D업체	1,706	95	2,777

〈평가기준〉

- 업체별 종합점수는 시장매력도(30점 만점), 정보화수준(30점 만점), 접근가능성(40점 만점)의 합계(100점 만점)로 구하며, 종합점수가 가장 높은 업체가 선정된다.
- 시장매력도 점수는 시장매력도가 가장 높은 업체에 30점, 가장 낮은 업체에 0점, 그 밖의 모든 업체에 15점을 부여한다. 시장규모가 클수록 시장매력도가 높다.
- 정보화수준 점수는 정보화순위가 가장 높은 업체에 30점, 가장 낮은 업체에 0점, 그 밖의 모든 업체에 15점을 부여한다.
- 접근가능성 점수는 접근가능성이 가장 높은 업체에 40점, 가장 낮은 업체에 0점, 그 밖의 모든 국가에 20점을 부여한다. 수출액이 클수록 접근가능성이 높다.

① A업체   ② B업체
③ C업체   ④ D업체

해설 ④ 업체별 평가기준에 따른 점수는 다음과 같으며, D업체가 65점으로 선정된다.

업체명	시장매력도	정보화수준	접근가능성	합계
A업체	15	0	40	55
B업체	15	30	0	45
C업체	0	15	20	35
D업체	30	15	20	65

26 다음의 내용이 모두 참일 때, 결론이 타당하기 위해서 추가로 필요한 진술은?

> ㉠ 자동차는 1번 도로를 지나왔다면 이 자동차는 A 마을에서 왔거나 B 마을에서 왔다.
> ㉡ 자동차가 A 마을에서 왔다면 자동차 밑바닥에 흙탕물이 튀었을 것이다.
> ㉢ 자동차가 A 마을에서 왔다면 자동차의 모습을 담은 폐쇄회로 카메라가 적어도 하나가 있을 것이다.
> ㉣ 자동차가 B 마을에서 왔다면 도로 정체를 만났을 것이고 적어도 한 곳의 검문소를 통과했을 것이다.
> ㉤ 자동차가 도로정체를 만났다면 자동차의 모습을 닮은 폐쇄회로 카메라가 적어도 하나가 있을 것이다.
> ㉥ 자동차가 적어도 검문소 한 곳을 통과했다면 자동차 밑바닥에 흙탕물이 튀었을 것이다.
> ∴ 따라서 자동차는 1번 도로를 지나오지 않았다.

① 자동차 밑바닥에 흙탕물이 튀었을 것이다.

② 자동차는 도로 정체를 만나지 않았을 것이다.

③ 자동차는 적어도 검문소 한 곳을 통과했을 것이다.

④ 자동차 모습을 담은 폐쇄회로 카메라는 하나도 없을 것이다.

✔해설 ④ 결론이 '자동차는 1번 도로를 지나오지 않았다.'이므로 결론을 중심으로 연결고리를 이어가면 된다. 자동차가 1번 도로를 지나오지 않았다면 ㉠에 의해 이 자동차는 A, B마을에서 오지 않았다. 흙탕물이 자동차 밑바닥에 튀지 않고 자동차를 담은 폐쇄회로 카메라가 없다면 A마을에서 오지 않았을 것이다. 도로정체가 없고 검문소를 통과하지 않았다면 B마을에서 오지 않았을 것이다. 폐쇄회로 카메라가 없다면 도로정체를 만나지 않았을 것이다. 자동차 밑바닥에 흙탕물이 튀지 않았다면 검문소를 통과하지 않았을 것이다. 따라서 자동차가 1번 도로를 지나오지 않았다는 결론을 얻기 위해서는 폐쇄회로 카메라가 없거나 흙탕물이 튀지 않았다는 전제가 필요하다.

27 A회사의 건물에는 1층에서 4층 사이에 5개의 부서가 있다. 다음 조건에 일치하는 것은?

> - 영업부와 기획부는 복사기를 같이 쓴다.
> - 3층에는 경리부가 있다.
> - 인사부는 홍보부의 바로 아래층에 있다.
> - 홍보부는 영업부의 아래쪽에 있으며 2층의 복사기를 쓰고 있다.
> - 경리부는 위층의 복사기를 쓰고 있다.

① 영업부는 기획부와 같은 층에 있다.

② 경리부는 4층의 복사기를 쓰고 있다.

③ 인사부는 2층의 복사기를 쓰고 있다.

④ 기획부는 4층에 있다.

✔ 해설 ① 복사기를 같이 쓴다고 해서 같은 층에 있는 것은 아니다. 영업부가 경리부처럼 위층의 복사기를 쓸 수도 있다.
③ 인사부가 2층의 복사기를 쓰고 있다고 해서 인사부의 위치가 2층인지는 알 수 없다.
④ 제시된 조건으로 기획부의 위치는 알 수 없다.

28 작업 A부터 작업 E까지 모두 완료해야 끝나는 업무에 대한 조건이 다음과 같을 때 옳지 않은 것은? (단, 모든 작업은 동일 작업장 내에서 행하여진다.)

> ㉠ 작업 A는 4명의 인원과 10일의 기간이 소요된다.
> ㉡ 작업 B는 2명의 인원과 20일의 기간이 소요되며, 작업 A가 끝난 후에 시작할 수 있다.
> ㉢ 작업 C는 4명의 인원과 50일의 기간이 소요된다.
> ㉣ 작업 D와 E는 각 작업 당 2명의 인원과 20일의 기간이 소요되며, 작업 E는 작업 D가 끝난 후에 시작할 수 있다.
> ㉤ 모든 인력은 작업 A ~ E까지 모두 동원될 수 있으며 생산력은 모두 같다.
> ㉥ 인건비는 1인당 1일 10만 원이다.
> ㉦ 작업장 사용료는 1일 50만 원이다.

① 업무를 가장 빨리 끝낼 수 있는 최단 기간은 50일이다.
② 최단 기간에 업무를 끝내기 위해 필요한 최소 인력은 10명이다.
③ 작업 가능한 인력이 4명뿐이라면 업무를 끝낼 수 있는 기간은 100일이다.
④ 모든 작업을 끝내는데 드는 최소 비용은 6,100만 원이다.

✅ 해설 ② 최단 기간에 업무를 끝내기 위해 필요한 최소 인력은 8명이다.

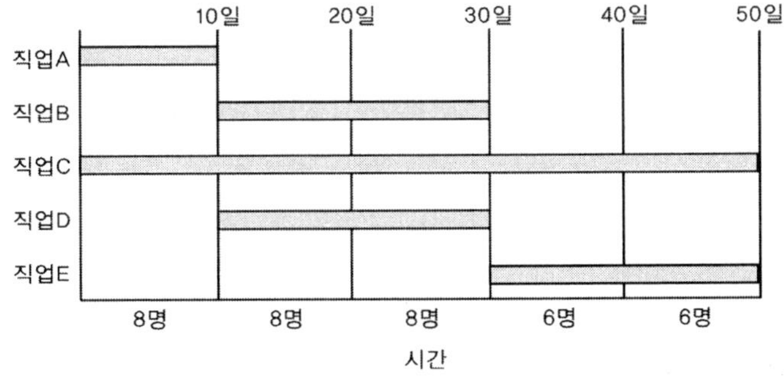

작업장 사용료 : 50일 × 50만 원 = 2,500만 원
인건비 : {(8인 × 30일) + (6인 × 20일)} × 10만 원 = 3,600만 원

29 다음은 특정 월의 3개 원자력발전소에서 생산된 전력을 각각 다른 세 곳으로 전송한 내역을 나타낸 표이다. 다음 표에 대한 〈보기〉의 설명 중, 적절한 것을 모두 고른 것은?

(단위 : 천 Mwh)

전송처 발전소	지역A	지역B	지역C
H발전소	150	120	180
G발전소	110	90	120
W발전소	140	170	70

〈보기〉

㈎ 생산 전력량은 H발전소가, 전송받은 전력량은 지역A가 가장 많다.

㈏ W발전소에서 지역A로 공급한 전력의 30%가 지역C로 전송되었더라면 전송받은 전력량의 지역별 순위는 바뀌게 된다.

㈐ H발전소에서 전송한 전력량을 세 지역 모두 10%씩 줄이게 되면 발전소별 생산 전력량 순위는 바뀌게 된다.

㈑ 발전소별 평균 전송한 전력량과 지역별 평균 전송받은 전력량 중, 100 ~ 150천 Mwh의 범위를 넘어서는 전력량은 없다.

① ㈏, ㈐, ㈑

② ㈎, ㈏, ㈑

③ ㈎, ㈐, ㈑

④ ㈎, ㈏, ㈐

✔해설 ㈐ H발전소에서 전송한 전력량을 세 지역 모두 10%씩 줄이면 450 → 405천 Mwh가 되어 발전소별 생산 전력량 순위는 바뀌지 않고 동일하게 된다.

㈎ 생산 전력량은 순서대로 각각 450, 320, 380천 Mwh로 H발전소가, 전송받은 전력량은 순서대로 각각 400, 380, 370천 Mwh로 지역A가 가장 많다.

㈏ W발전소에서 지역A로 공급한 전력의 30%가 지역C로 전송된다는 것은 지역A로 전송된 전력량이 140 → 98천 Mwh, 지역C로 전송된 전력량이 70 → 112천 Mwh가 된다는 것이므로 이 경우, 전송받은 전력량 순위는 지역A와 지역C가 서로 바뀌게 된다.

㈑ 발전소별 평균 전송한 전력량은 순서대로 각각 450 ÷ 3 = 150, 320 ÷ 3 = 약 107, 380 ÷ 3 = 약 127천 Mwh이며, 지역별 평균 전송받은 전력량은 순서대로 각각 400 ÷ 3 = 약 133, 380 ÷ 3 = 약 127, 370 ÷ 3 = 약 123천 Mwh이므로 모든 평균값이 100 ~ 150천 Mwh의 범위 내에 있음을 알 수 있다.

30 다음 밑줄 친 개념에 대한 설명으로 옳은 것은?

> 사람들은 일상에서 다양한 자료와 주장을 접하게 된다. 이러한 정보는 그대로 받아들이기보다 그 타당성을 검토하고 근거를 분석하여 합리적인 판단을 내리는 과정이 필요한데, 이처럼 어떤 정보나 상황의 논리성과 근거의 적절성을 검토하고 다양한 관점에서 평가하는 사고를 <u>비판적 사고</u>라고 한다.

① 기존의 생각이나 통념을 그대로 따르기보다 문제의식을 가지고 다양한 관점에서 검토하려는 태도가 필요하다.
② 새로운 아이디어를 자유롭게 만들어 내는 능력으로, 독창적인 결과를 산출하는 데 중점을 둔다.
③ 개인의 직관이나 경험에 의존하여 빠르게 판단한다.
④ 주어진 문제를 해결하기 위해 가능한 많은 아이디어를 빠르게 떠올리는 것이 도움 된다.

> **✔해설** ② 창의적 사고에 관한 설명이다.
> ③ 직관적 사고에 관한 설명이다.
> ④ 창의적 사고 중 하나인 브레인스토밍에 대한 설명이다.

31 甲회사가 인사 채용 건으로 업체 간 협력 가능성 등을 고려하여 외주 업체를 선정하려고 한다. 다음과 같은 조건일 때에 선정이 확실한 업체는 모두 몇 개인가?

〈조건〉

1. 업체는 모두 8곳이다.
2. A업체는 선정하며 B업체는 선정하지 않는다.
3. A업체를 선정하면 C업체는 선정하지 않는다.
4. B업체가 선정되지 않으면 E업체가 선정된다.
5. E업체가 선정되면 G업체는 선정되지 않는다.
6. D업체가 선정되지 않으면 H업체도 선정되지 않는다.
7. G업체가 선정되지 않으면 A업체가 선정된다.

① 1개
② 2개
③ 3개
④ 4개

✔ 해설 ② 조건 2에 따라 A업체는 선정된다. 조건 3에 따라 A업체가 선정되면 C업체는 선정되지 않는다. 조건 4에 따라 E업체가 선정된다. 조건 6의 D업체와 H업체는 선정 여부가 확실하지 않다. 따라서 선정이 확실한 업체는 A업체와 E업체 2개다.

32 다음 점수표를 통해 확인할 수 있는 결과로 옳은 것은?

> 甲, 乙, 丙이 농구 자유투 대결을 총 5회까지 진행하여 우승자를 선정한다. 자유투로 골에 넣는 것을 성공하면 1점이 부여된다. 다음은 세 사람의 점수를 회차별로 기록하였는데 종이에 물이 엎어지면서 4회와 5회의 결과가 지워졌다. 4회와 5회 중 한 회차에서 세 사람의 점수가 모두 같았고, 다른 한 라운드에서 1점을 받은 사람이 한명 있었다.

〈점수표〉

구분	1회	2회	3회	4회	5회	합계
甲	2	4	3			16
乙	5	4	2			17
丙	5	2	6			18

① 3회까지 점수를 보면 甲이 1위이다.

② 丙은 매회 다른 점수를 기록하고 있다.

③ 4회와 5회 중에서 자유투로 1점을 받은 사람이 누군지 알 수 없다.

④ 4회와 5회의 점수만 본다면 乙이 최하위이다.

✔해설 ② 주어진 점수표를 통해 甲 ~ 丙이 4회와 5회에서 받은 점수는 甲은 7, 乙은 6, 丙은 5가 된다. 한 회의 점수가 모두 동점이고 다른 회에서 한 사람이 자유투를 한 번에 성공하여 1점을 받았다. 만약 甲이나 乙이 1점을 받는 다면 점수가 동점인 회의 점수가 6점이나 5점이 되므로 丙의 점수표가 완성될 수 없다. 따라서 자유투에서 1점을 획득한 사람은 丙이다.

구분	1회	2회	3회	4회	5회	합계
甲	2	4	3	3	4	16
乙	5	4	2	2	4	17
丙	5	2	6	1	4	18
회차별 합계	12	10	11	6	12	51

① 1회에서 3회 점수 합산을 하면 甲 9점, 乙 10점, 丙 13점으로 丙이 1위이다.

③ 자유투에서 1점을 획득한 사람은 丙인 것을 알 수 있다.

④ 4회와 5회 합산점수는 甲 7점, 乙 6점, 丙 5점으로 丙이 최하위이다.

03 조직이해능력

[조직이해능력] 출제유형

① 경영이해능력 : SWOT 등 경영 활동, 경영 전략에 관한 문제이다.
② 체제이해능력 : 조직의 목표, 문화, 구조 등을 자료와 함께 제시되는 문제다.
③ 업무이해능력 : 업무의 특성, 업무수행 계획, 업무 종류 등이 체크리스트 등과 함께 제시되는 문제다.
④ 국제감각 : 이문화 커뮤니케이션, 국제매너 등에 관한 문제이다.

[조직이해능력] 출제경향

조직의 구조와 운영 방식을 알고 적절한 업무 수행 절차를 파악하는 능력을 의미한다. 주로 조직의 목표와 구조, 조직문화, 규칙과 절차 등에 대한 이해를 묻는 문제와 조직 운영에 관련된 사례를 통해 문제 해결 방안을 판단하는 유형의 문제가 출제된다. 최근에는 조직도와 같은 조직 및 경영 체계의 이론을 중심으로 하는 유형이 다수 출제되어 이에 대한 대비가 필요하다.

[조직이해능력] 빈출유형

조직구조										
경영전략										
업무 판단										

예제 01 조직과 개인

주어진 글의 빈칸에 들어갈 말로 가장 적절한 것은?

> 조직이 지속되게 되면 조직구성원들 간 생활양식이나 가치를 공유하게 되는데 이를 조직의 (㉠)라고 한다. 이는 조직구성원들의 사고와 행동에 영향을 미치며 일체감과 정체성을 부여하고 조직이 (㉡)으로 유지되게 한다. 최근 이에 대한 중요성이 부각되면서 긍정적인 방향으로 조성하기 위한 경영층의 노력이 이루어지고 있다.

① ㉠ : 목표, ㉡ : 혁신적
② ㉠ : 구조, ㉡ : 단계적
③ ㉠ : 문화, ㉡ : 안정적
④ ㉠ : 규칙, ㉡ : 체계적

출제의도

본 문항은 조직체계의 구성요소들의 개념을 묻는 문제이다.

해설

조직문화란 조직구성원들 간에 공유하게 되는 생활양식이나 가치를 말한다. 이는 조직구성원들의 사고와 행동에 영향을 미치며 일체감과 정체성을 부여하고 조직이 안정적으로 유지되게 한다.

답 ③

예제 02 경영이해능력

다음은 경영전략을 세우는 방법 중 하나인 SWOT에 따른 어느 기업의 분석결과이다. 다음 중 주어진 기업 분석 결과에 대응하는 전략은?

강점(Strength)	• 차별화된 맛과 메뉴 • 폭넓은 네트워크
약점(Weakness)	• 매출의 계절적 변동폭이 큼 • 딱딱한 기업 이미지
기회(Opportunity)	• 소비자의 수요 트랜드 변화 • 가계의 외식 횟수 증가 • 경기회복 가능성
위협(Threat)	• 새로운 경쟁자의 진입 가능성 • 과도한 가계부채

내부환경 외부환경	강점(Strength)	약점(Weakness)
기회 (Opportunity)	① 계절 메뉴 개발을 통한 분기 매출 확보	② 고객의 소비패턴을 반영한 광고를 통해 이미지 쇄신
위협 (Threat)	③ 소비 트렌드 변화를 반영한 시장 세분화 정책	④ 고급화 전략을 통한 매출 확대

출제의도

본 문항은 조직이해능력의 하위능력인 경영관리능력을 측정하는 문제이다. 기업에서 경영전략을 세우는데 많이 사용되는 SWOT분석에 대해 이해하고 주어진 분석표를 통해 가장 적절한 경영전략을 도출할 수 있는지를 확인할 수 있다.

해설

딱딱한 이미지를 현재 소비자의 수요 트렌드라는 환경 변화에 대응하여 바꿀 수 있다.

답 ②

예제 03 경영이해능력

다음은 중국의 H사에서 시행하는 경영참가제도에 대한 기사이다. 밑줄 친 이 제도는 무엇인가?

> H사는 '사람' 중심의 수평적 기업문화가 발달했다. H사는 <u>이 제도</u>의 시행을 통해 직원들이 경영에 간접적으로 참여할 수 있게 하였는데 이에 따라 자연스레 기업에 대한 직원들의 책임 의식도 강화됐다. 참여주주는 8만2471명이다. 모두 H사의 임직원이며, 이 중 창립자인 CEO R은 개인 주주로 총 주식의 1.18%의 지분과 퇴직연금으로 주식총액의 0.21%만을 보유하고 있다.

① 노사협의회제도
② 이윤분배제도
③ 종업원지주제도
④ 노동주제도

예제 04 업무이해능력

다음은 I기업의 조직도와 팀장님의 지시사항이다. H 씨가 팀장님의 심부름을 수행하기 위해 연락해야 할 부서로 옳은 것은?

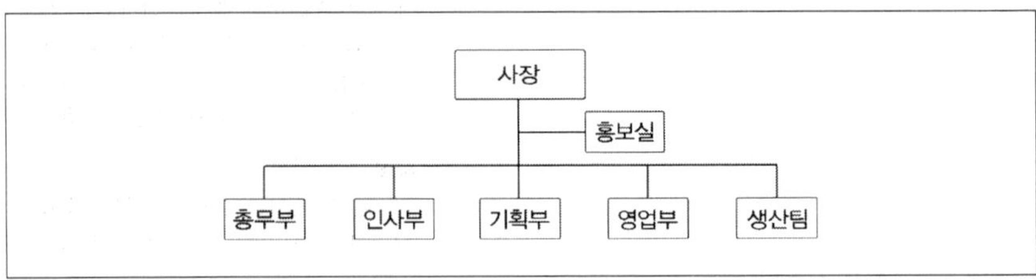

> H 씨! 내가 지금 너무 바빠서 그러는데 부탁 좀 들어줄래요? 다음 주 중에 사장님 모시고 클라이언트와 만나야 할 일이 있으니까 사장님 일정을 확인해주시구요. 이번 달에 신입사원 교육·훈련계획이 있었던 것 같은데 정확한 시간이랑 날짜를 확인해주세요.

① 총무부, 인사부
② 총무부, 홍보실
③ 기획부, 총무부
④ 영업부, 기획부

출제의도

경영참가제도는 조직원이 자신이 속한 조직에서 주인의식을 갖고 조직의 의사결정과정에 참여할 수 있도록 하는 제도이다. 본 문항은 경영참가제도의 유형을 구분해낼 수 있는가를 묻는 질문이다.

해설

종업원지주제도 … 기업이 자사 종업원에게 특별한 조건과 방법으로 자사 주식을 분양·소유하게 하는 제도이다. 이 제도의 목적은 종업원에 대한 근검저축의 장려, 공로에 대한 보수, 자사에의 귀속의식 고취, 자사에의 일체감 조성 등이 있다.

답  ③

출제의도

조직도와 부서의 명칭을 보고 개략적인 부서의 소관 업무를 분별할 수 있는지를 묻는 문항이다.

해설

사장의 일정에 관한 사항은 비서실에서 관리하나 비서실이 없는 회사의 경우 총무부(또는 팀)에서 비서업무를 담당하기도 한다. 또한 신입사원 관리 및 교육은 인사부에서 관리한다.

답  ①

다음 중 업무수행 시 단계별로 업무를 시작해서 끝나는 데까지 걸리는 시간을 바 형식으로 표시하여 전체 일정 및 단계별로 소요되는 시간과 각 업무활동 사이의 관계를 볼 수 있는 업무수행 시트는?

① 간트 차트
② 워크 플로 차트
③ 체크리스트
④ 퍼트 차트

출제의도

업무수행 계획을 수립할 때 간트 차트, 워크 플로 시트, 체크리스트 등의 수단을 이용하면 효과적으로 계획하고 마지막에 급하게 일을 처리하지 않고 주어진 시간 내에 끝마칠 수 있다. 본 문항은 그러한 수단이 되는 차트들의 이해도를 묻는 문항이다.

해설

② 일의 절차 처리의 흐름을 표현하기 위해 기호를 써서 도식화한 것
③ 업무를 세부적으로 나누고 각 활동별로 수행수준을 달성했는지를 확인하는 데 효과적
④ 하나의 사업을 수행하는 데 필요한 작업 순서, 종속성, 예상 소요 시간 등을 네트워크 다이어그램으로 시각화한 것

답 ①

예제 06 업무판단

다음 전결사항에 관한 사내 규정을 보고 내린 판단으로 적절하지 않은 것은?

업무내용	결재권자			
	사장	부사장	본부장	팀장
주간업무보고				○
팀장급 인수인계		○		
백만 불 이상 예산집행	○			
백만 불 이하 예산집행		○		
이사회 위원 위촉	○			
임직원 해외 출장	○(임원)		○(직원)	
임직원 휴가	○(임원)		○(직원)	
노조관련 협의사항		○		

※ 결재권자가 출장, 휴가 등 사유로 부재중일 경우에는 결재권자의 차상급 직위자의 전결사항으로 하되, 반드시 결재권자의 업무 복귀 후 후결로 보완한다.

① 팀장의 휴가는 본부장의 결재를 얻어야 한다.
② 강 대리는 계약 관련 해외 출장을 위하여 본부장의 결재를 얻어야 한다.
③ 최 이사와 노 과장의 동반 해외 출장 보고서는 본부장이 최종 결재한다.
④ 예산집행 결재는 금액에 따라 결재권자가 달라진다.

출제의도

조직 내 전결규정과 같은 업무 기준을 정확히 이해하고, 이를 구체적인 상황에 적용하여 적절한 의사결정을 내릴 수 있는지를 평가하는 문항이다.

해설

③ 최 이사와 노 과장의 동반 해외 출장 보고서는 최 이사가 임원이므로 사장이 최종 결재권자가 되어야 하는 보고서가 된다.
① 직원의 휴가는 본부장이 최종 결재권자이다.
② 직원의 해외 출장은 본부장이 최종 결재권자이다.
④ 백만 불을 기준으로 결재권자가 달라진다.

답 ③

1   조직구조의 유형과 그 특징에 대한 설명으로 옳은 것은?

> ㉠ 조직구조는 의사결정 권한의 집중 정도, 명령 계통, 최고경영자의 통제, 규칙과 규제의 정도 등에 따라 기계적 조직과 유기적 조직으로 구분할 수 있다.
> ㉡ 기계적 조직은 구성원들의 업무가 분명하게 정의되고 많은 규칙과 규제들이 있으며, 상하간 의사소통이 공식적인 경로를 통해 이루어진다.
> ㉢ 유기적 조직은 의사결정권한이 조직의 하부구성원들에게 많이 위임되어 있으며, 업무 또한 고정되지 않고 공유 가능한 조직이다.
> ㉣ 유기적 조직은 비공식적인 상호의사소통이 원활히 이루어지며, 규제나 통제의 정도가 높아 엄격한 위계질서가 존재한다.

① ㉠, ㉡
② ㉢, ㉣
③ ㉠, ㉡, ㉢
④ ㉡, ㉢, ㉣

✔ **해설** ③ 유기적 조직은 비공식적 상호의사소통이 원활히 이루어지며, 규제나 통제의 정도가 낮아 변화에 따라 쉽게 변할 수 있다.

2   다음과 같은 업무 태도와 행위들 중, 효과적으로 업무를 수행하는 데 방해하는 요인이 내포되어 있다고 볼 수 있는 것은?

① 메신저나 사적인 전화는 시간을 정하여 그것을 넘기지 않도록 한다.
② 다른 사람들과 무조건적인 대화 단절보다는 선별적으로 시간을 할애하는 것이 바람직하다.
③ 출근 전부터 이미 도착해 수십 통씩 쌓여 있는 이메일에 빠짐없이 답하는 일을 우선 처리한다.
④ 외부 방문이나 거래처 내방 등은 사전에 약속해 두어 계획에 의해 진행될 수 있게 한다.

✔ **해설** ③ 어느 조직이라도 조직의 업무를 방해하는 요인이 자연스럽게 생겨나게 된다. 전화, 방문, 인터넷, 메신저, 갈등관리, 스트레스 등이 대표적인 형태의 업무 방해요인이다. 업무를 효과적으로 수행하기 위해서는 방해요인에는 어떤 것이 있는지 알아야 한다. 특히, 방해요인들을 잘 활용하면 오히려 도움이 되는 경우도 있으므로 이를 효과적으로 통제하고 관리할 필요가 있다. 따라서 반드시 모든 이메일에 즉각적으로 대답할 필요는 없으며, 선별을 하고 시간을 정해 계획대로 처리한다면 보다 효과적이고 생산적인 시간 내에 많은 이메일을 관리할 수 있다.

3 다음의 혁신 사례 보고서를 통해 알 수 있는 기업의 활동으로 옳은 것만을 〈보기〉에서 있는 대로 모두 고른 것은?

– (주)K그룹 혁신 사례 보고서 –

〈인적자원관리부문〉
▸ 주택 자금 저금리 대출, 자녀 학비 보조금 등 지원
▸ 구성원들이 소외감을 갖지 않고 유대감을 높일 수 있도록 사내 동아리 활성화

〈생산관리부문〉
▸ 자재를 필요한 시기에 공급하여 원활한 생산이 가능한 시스템 구축
▸ 품질에 영향을 끼칠 수 있는 모든 활동을 분석하여 기업의 구성원 전체가 품질 관리에 참여

〈보기〉
㉠ 근로자들에게 법정 외 복리 후생을 지원하였다.
㉡ 인사 관리 원칙 중 창의력 계발의 원칙을 적용하였다.
㉢ 적시 생산 시스템(JIT)을 도입하여 재고를 관리하였다.
㉣ 품질을 관리하기 위해 종합적 품질 관리(TQC)시스템을 도입하였다.

---

① ㉠, ㉣   ② ㉡, ㉢
③ ㉠, ㉡, ㉢   ④ ㉠, ㉢, ㉣

 ㉡ 구성원들이 서로 유대감을 가지고 협동, 단결할 수 있도록 하는 것은 단결의 원칙이다.
㉠ 대출 및 자녀 학비 보조금 지원은 법정 외 복리 후생제도에 의한 지원이다.
㉢ 자재를 필요한 시기에 공급하는 것은 적시 생산 시스템이다.
㉣ 기업의 구성원 전체가 품질 관리에 참여도록 하는 것은 종합적 품질 관리이다.

업무지시문(업무협조전 사용에 대한 지시)

수신 : 전 부서장님들께
참조 :

제목 : 업무협조전 사용에 대한 지시문

업무 수행에 노고가 많으십니다.

　부서 간의 원활한 업무진행을 위하여 다음과 같이 업무협조전을 사용하도록 결정하였습니다. 업무효율화를 도모하고자 업무협조전을 사용하도록 권장하는 것이니 본사의 지시에 따라주시기 바랍니다. 궁금하신 점은 ___㉠___ 담당자(내선 : 012)에게 문의해주시기 바랍니다.

– 다음 –

1. 목적
　(1) 업무협조전 이용의 미비로 인한 부서 간 업무 차질 해소
　(2) 발신부서와 수신부서 간의 명확한 책임소재 규명
　(3) 부서 간의 원활한 의견교환을 통한 업무 효율화 추구
　(4) 부서 간의 업무 절차와 내용에 대한 근거확보
2. 부서 내의 적극적인 사용권장을 통해 업무협조전이 사내에 정착될 수 있도록 부탁드립니다.
3. 첨부된 업무협조전 양식을 사용하시기 바랍니다.
4. 기타 : 문서관리규정을 회사사규에 등재할 예정이오니 업무에 참고하시기 바랍니다.

2026년 2월 7일

S통상
___㉠___ 장 ○○○ 배상

4 다음 중 빈칸 ㉠에 들어갈 부서로 가장 적절한 것은?

① 총무부

② 기획부

③ 인사부

④ 영업부

> ✔해설 ③ 조직기구의 업무분장 및 조절 등에 관한 사항은 인사부에서 관리한다.

5 업무협조전에 대한 설명으로 옳지 않은 것은?

① 부서 간의 책임소재가 분명해진다.

② 업무 협업 시 높아진 효율성을 기대할 수 있다.

③ 업무 절차와 내용에 대한 근거를 확보할 수 있다.

④ 부서별로 자유로운 양식의 업무협조전을 사용할 수 있다.

> ✔해설 ④ 업무지시문에 첨부된 업무협조전 양식을 사용하여야 한다.

6 다음 중 해당 팀 자체의 업무보다 타 팀 및 전사적인 업무 활동에 도움을 주는 업무가 주된 역할인 팀으로 묶인 것은 어느 것인가?

① 총무팀, 마케팅팀

② 생산기술팀, 영업팀

③ 홍보/광고팀, 연구개발팀

④ 홍보/광고팀, 총무팀

> ✔해설 ④ 지원본부의 역할은 생산이나 영업 등 자체의 활동보다 출장이나 교육 등 타 팀이나 전사 공통의 업무 활동에 있어 해당 조직 자체적인 역량으로 해결하기 어렵거나 곤란한 업무를 원활히 지원해 주는 일이 주된 업무 내용이 된다. 제시된 팀은 지원본부(기획, 총무, 인사/교육, 홍보/광고), 사업본부(마케팅, 영업, 영업관리), 생산본부(생산관리, 생산기술, 연구개발) 등으로 구분하여 볼 수 있다.

ANSWER 4.③ 5.④ 6.④

1. 일반 전화 걸기

회사 외부에 전화를 걸어야 하는 경우

→ 수화기를 들고 9번을 누른 후 (지역번호)＋전화번호를 누른다.

2. 전화 당겨 받기

다른 직원에게 전화가 왔으나, 사정상 내가 받아야 하는 경우

→ 수화기를 들고 *(별표)를 두 번 누른다.

※ 다른 팀에게 걸려온 전화도 당겨 받을 수 있다.

3. 회사 내 직원과 전화하기

→ 수화기를 들고 내선번호를 누르면 통화가 가능하다.

4. 전화 넘겨주기

외부 전화를 받았는데 내가 담당자가 아니라서 다른 담당자에게 넘겨 줄 경우

→ 통화 중 상대방에게 양해를 구한 뒤 통화 종료 버튼을 짧게 누른 뒤 내선번호를 누른다. 다른 직원이 내선
  전화를 받으면 어떤 용건인지 간략하게 얘기 한 뒤 수화기를 내려놓으면 자동적으로 전화가 넘겨진다.

5. 회사 전화를 개인 핸드폰으로 받기

외근 나가 있는 상황에서 중요한 전화가 올 예정인 경우

→ 개인 핸드폰으로 착신을 돌리기 위해서는 사무실 수화기를 들고 *(별표)를 누르고 88번을 누른다. 그리고 개
  인 핸드폰 번호를 입력한다.

→ 착신을 풀기 위해서는 #(샵)을 누르고 88번을 누른 다음 *(별)을 누르면 된다.

※ 회사 전화를 개인 핸드폰으로 받는 기능은 팀장급 이상의 자리에 있는 대표 전화기로만 가능하며, 그 이하의 직급 자리에 있는 일반 전화기로는
  이 기능을 사용할 수 없다.

7 인사팀에 근무하고 있는 사원 S는 신입사원들을 위해 전화기 사용 요령에 대해 교육을 진행하려고 한다. 다음 중 신입사원들에게 교육하지 않아도 되는 항목은?

① 일반 전화 걸기

② 전화 당겨 받기

③ 전화 넘겨주기

④ 회사 전화를 개인 핸드폰으로 받기

> ✔ 해설 ④ 회사 전화를 개인 핸드폰으로 받는 기능은 팀장급 이상의 자리에 있는 대표 전화기로만 가능하기 때문에 신입
> 사원에게 교육하지 않아도 되는 항목이다.

8 사원 S는 전화 관련 정보들을 신입사원이 이해하기 쉽도록 표로 정리하였다. 정리한 내용으로 옳지 않은 내용이 포함된 항목은?

상황	항목	눌러야 하는 번호
회사 외부로 전화 걸 때	일반 전화 걸기	9+(지역번호)+(전화번호)
다른 직원에게 걸려온 전화를 내가 받아야 할 때	전화 당겨 받기	*(별표) 한번
회사 내 다른 직원과 전화 할 때	회사 내 직원과 전화하기	내선번호
내가 먼저 전화를 받은 경우 다른 직원에게 넘겨 줄 때	전화 넘겨주기	종료버튼(짧게)+내선번호

① 일반 전화 걸기

② 전화 당겨 받기

③ 전화 넘겨 주기

④ 회사 내 직원과 전화하기

> ✔ 해설 ② 전화를 당겨 받는 경우에는 *(별표)를 두 번 누른다.

SWOT분석이란 기업의 환경 분석을 통해 마케팅 전략을 수립하는 기법이다. 조직 내부 환경으로는 조직이 우위를 점할 수 있는 강점(Strength), 조직의 효과적인 성과를 방해하는 자원·기술·능력 면에서의 약점(Weakness), 조직 외부 환경으로는 조직 활동에 이점을 주는 기회(Opportunity), 조직 활동에 불이익을 미치는 위협(Threat)으로 구분된다.

※ SWOT분석에 의한 마케팅 전략
　㉠ SO전략(강점-기회전략) : 시장의 기회를 활용하기 위해 강점을 사용하는 전략
　㉡ ST전략(강점-위협전략) : 시장의 위협을 회피하기 위해 강점을 사용하는 전략
　㉢ WO전략(약점-기회전략) : 약점을 극복함으로 시장의 기회를 활용하려는 전략
　㉣ WT전략(약점-위협전략) : 시장의 위협을 회피하고 약점을 최소화하는 전략

9　다음은 A화장품 기업의 SWOT분석이다. 가장 적절한 전략은?

구분	내용
강점(Strength)	• 화장품과 관련된 높은 기술력 보유 • 기초화장품 전문 브랜드라는 소비자인식과 높은 신뢰도
약점(Weakness)	• 남성전용 화장품 라인의 후발주자 • 용량 대비 높은 가격
기회(Opportunity)	• 남성들의 화장품에 대한 인식변화와 화장품 시장의 지속적인 성장 • 화장품 분야에 대한 정부의 지원
위협(Threat)	• 경쟁업체들의 남성화장품 시장 공략 • 내수경기 침체로 인한 소비심리 위축

① SO전략 : 기초화장품 기술력을 통한 경쟁적 남성 기초화장품 개발
② ST전략 : 유통비조정을 통한 제품의 가격 조정
③ WO전략 : 남성화장품 이외의 라인에 주력하여 경쟁력 강화
④ WT전략 : 정부의 지원을 통한 제품의 가격 조정

> ✔해설　② 가격을 낮추어 기타 업체들과 경쟁하는 전략으로 WO전략에 해당한다.
> 　　③ 위협을 회피하고 약점을 최소화하는 WT전략에 해당한다.
> 　　④ 정부의 지원이라는 기회를 활용하여 약점을 극복하는 WO전략에 해당한다.

10 다음은 K모바일메신저의 SWOT분석이다. 가장 적절한 전략은?

구분	내용
강점(Strength)	• 국내 브랜드 이미지 1위 • 무료 문자&통화 가능 • 다양한 기능(쇼핑, 뱅킹서비스 등)
약점(Weakness)	• 특정 지역에서의 접속 불량 • 서버 부족으로 인한 잦은 결함
기회(Opportunity)	• 스마트폰의 사용 증대 • App Store 시장의 확대
위협(Threat)	• 경쟁업체의 고급화 • 안정적인 해외 업체 메신저의 유입

① SO전략 : 다양한 기능과 서비스를 강조하여 기타 업체들과 경쟁한다.

② ST전략 : 접속 불량이 일어나는 지역의 원인을 파악하여 제거한다.

③ WO전략 : 서버를 추가적으로 구축하여 이용자를 유치한다.

④ WT전략 : 국내 브랜드 이미지를 이용하여 마케팅전략을 세운다.

> ✔ 해설 ③ 서버 부족이라는 약점을 극복하여 사용이 증대되고 있는 스마트폰 시장에서 이용자를 유치하는 WO전략에 해당한다.

▌11∼13▐ 다음 결재규정을 보고 주어진 상황에 맞게 작성된 양식을 고르시오.

〈결재규정〉

• 결재를 받으려는 업무에 대해서는 대표이사를 포함한 이하 직책자의 결재를 받아야 한다.

• '전결'은 회사의 경영 · 관리 활동에 있어서 대표이사의 결재를 생략하고, 자신의 책임 하에 최종적으로 결정하는 행위를 말한다.

• 전결사항에 대해서도 위임 받은 자를 포함한 이하 직책자의 결재를 받아야 한다.

• 표시내용 : 결재를 올리는 자는 대표이사로부터 전결 사항을 위임 받은 자가 있는 경우 결재란에 전결이라고 표시하고 최종결재란에 위임받은 자를 표시한다. 다만, 결재가 불필요한 직책자의 결재란은 상향대각선으로 표시한다.

• 대표이사의 결재사항 및 대표이사로부터 위임된 전결사항은 아래의 표에 따른다.

구분	내용	금액기준	결재서류	팀장	부장	대표이사
접대비	거래처 식대, 경조사비 등	20만 원 이하	접대비지출품의서 지출결의서	● ■		
		30만 원 이하			● ■	
		30만 원 초과				● ■
교통비	국내 출장비	30만 원 이하	출장계획서 출장비신청서	● ■		
		50만 원 이하		●	■	
		50만 원 초과		●		■
	해외 출장비			●		■
소모품비	사무용품		지출결의서	■		
	문서, 전산소모품					■
	잡비	10만 원 이하		■		
		30만 원 이하			■	
		30만 원 초과				■
교육비	사내 · 외 교육		기안서 지출결의서	●		■
법인카드	법인카드 사용	50만 원 이하	법인카드 신청서	■		
		100만 원 이하			■	
		100만 원 초과				■

※ ● : 기안서, 출장계획서, 접대비지출품의서

※ ■ : 지출결의서, 각종신청서

11 영업부 사원 甲 씨는 부산출장으로 400,000원을 지출했다. 甲 씨가 작성한 결재 양식으로 옳은 것은?

①
출장계획서				
결 재	담당	팀장	부장	최종결재
	甲			팀장

②
출장계획서				
결 재	담당	팀장	부장	최종결재
	甲		전결	부장

③
출장비신청서				
결 재	담당	팀장	부장	최종결재
	甲			팀장

④
출장비신청서				
결 재	담당	팀장	부장	최종결재
	甲		전결	부장

✔ 해설 ④ 국내 출장비가 50만 원 이하인 경우 출장계획서는 팀장 전결, 출장비신청서는 부장 전결이므로 사원 甲 씨가 작성해야 하는 결재 양식은 다음과 같다.

출장계획서				
결재	담당	팀장	부장	최종결재
	甲	전결		팀장

출장비신청서				
결재	담당	팀장	부장	최종결재
	甲		전결	부장

12 기획팀 사원 乙 씨는 같은 팀 사원 丙 씨의 부친상 부의금 450,000원을 회사 명의로 지급하기로 했다. 乙 씨가 작성한 결재 양식으로 옳은 것은?

①
접대비지출품의서				
결 재	담당	팀장	부장	최종결재
	乙		전결	부장

②
접대비지출품의서				
결 재	담당	팀장	부장	최종결재
	乙			대표이사

③
지출결의서				
결 재	담당	팀장	부장	최종결재
	乙	전결		팀장

④
지출결의서				
결 재	담당	팀장	부장	최종결재
	乙		전결	부장

✔ 해설 ② 부의금은 접대비에 해당하는 경조사비이다. 30만 원이 초과되는 접대비는 접대비지출품의서, 지출결의서 모두 대표이사 결재사항이다. 따라서 사원 乙 씨가 작성해야 하는 결재 양식은 다음과 같다.

접대비지출품의서				
결재	담당	팀장	부장	최종결재
	乙			대표이사

지출결의서				
결재	담당	팀장	부장	최종결재
	乙			대표이사

13 민원실 사원 丁 씨는 외부 교육업체로부터 1회에 10만 원씩 총 5회에 걸쳐 진행되는 「전화상담 역량교육」을 담당하게 되었다. 丁 씨가 작성한 결재 양식으로 옳은 것은?

①

기안서				
결	담당	팀장	부장	최종결재
재	丁	전결	/	팀장

②

기안서				
결	담당	팀장	부장	최종결재
재	丁			대표이사

③

지출결의서				
결	담당	팀장	부장	최종결재
재	丁	전결	/	팀장

④

지출결의서				
결	담당	팀장	부장	최종결재
재	丁		전결	대표이사

✔ 해설 ① 교육비의 결재서류는 금액에 상관없이 기안서는 팀장 전결, 지출결의서는 대표이사 결재사항이므로 丁씨가 작성해야 하는 결재 양식은 다음과 같다.

기안서				
결재	담당	팀장	부장	최종결재
	丁	전결	/	팀장

지출결의서				
결재	담당	팀장	부장	최종결재
	丁			대표이사

14 다음 조직목표에 대한 설명 중 옳은 것은?

① 공식적인 목표인 사명은 측정 가능한 형태로 기술되는 단기적인 목표이다.
② 조직목표는 환경이나 여러 원인들에 의해 변동되거나 없어지지 않는다.
③ 구성원들이 자신의 업무만을 성실하게 수행하면 조직목표는 자연스럽게 달성된다.
④ 조직은 다수의 목표를 추구할 수 있으며 이들은 상하관계를 가지기도 한다.

✔ 해설 ④ 조직은 다수의 조직목표를 추구할 수 있다. 이러한 조직목표들은 위계적 상호관계가 있어서 서로 상하관계에 있으면서 영향을 주고받는다.
① 조직의 사명은 조직의 비전, 가치와 신념, 조직의 존재이유 등을 공식적인 목표로 표현한 것이다. 반면에, 세부목표 혹은 운영목표는 조직이 실제적인 활동을 통해 달성하고자 하는 것이며, 사명에 비해 측정 가능한 형태로 기술되는 단기적인 목표이다.
② 조직목표는 한번 수립되면 달성될 때까지 지속되는 것이 아니라 환경이나 조직 내의 다양한 원인들에 의해 변동되거나 없어지고 새로운 목표로 대치되기도 한다.
③ 조직구성원들은 자신의 업무를 성실하게 수행한다고 하더라도 전체 조직목표에 부합되지 않으면 조직목표가 달성될 수 없으므로 조직목표를 이해하고 있어야 한다.

15 조직은 유연하고 자유로운지 아니면 안정이나 통제를 추구하는지, 내부의 단결이나 통합을 추구하는지 아니면 외부의 환경에 대한 대응성을 추구하는지의 차원에 따라 집단문화, 개발문화, 합리문화, 계층문화로 구분된다. 지문에 주어진 특징을 갖는 조직문화의 유형은?

> 과업지향적인 문화로, 결과지향적인 조직으로써의 업무의 완수를 강조한다. 조직의 목표를 명확하게 설정하여 합리적으로 달성하고, 주어진 과업을 효과적이고 효율적으로 수행하기 위하여 실적을 중시하고, 직무에 몰입하며, 미래를 위한 계획을 수립하는 것을 강조한다. 이 문화는 조직구성원 간의 경쟁을 유도하는 문화이기 때문에 때로는 지나친 성과를 강조하게 되어 조직에 대한 조직구성원들의 방어적인 태도와 개인주의적인 성향을 드러내는 경향을 보인다.

① 집단문화

② 개발문화

③ 합리문화

④ 계층문화

✔ 해설 ① 관계지향적인 문화이며, 조직구성원 간 인간애 또는 인간미를 중시하는 문화로서 조직내부의 통합과 유연한 인간관계를 강조한다. 따라서 조직구성원 간 인화단결, 협동, 팀워크, 공유가치, 사기, 의사결정과정에 참여 등을 중요시하며, 개인의 능력개발에 대한 관심이 높고 조직구성원에 대한 인간적 배려와 가족적인 분위기를 만들어내는 특징을 가진다.

② 높은 유연성과 개성을 강조한다. 외부환경에 대한 변화지향성과 신축적 대응성을 기반으로 조직구성원의 도전의식, 모험성, 창의성, 혁신성, 자원획득 등을 중시하며 조직의 성장과 발전에 관심이 높은 조직문화를 의미한다. 따라서 조직구성원의 업무수행에 대한 자율성과 자유재량권 부여 여부가 핵심요인이다.

④ 조직내부의 통합과 안정성을 확보하고, 현상유지차원에서 계층화되고 서열화된 조직구조를 중요시하는 조직문화이다. 즉, 위계질서에 의한 명령과 통제, 업무처리 시 규칙과 법을 준수하고, 관행과 안정, 문서와 형식, 보고와 정보관리, 명확한 책임소재 등을 강조하는 관리적 문화의 특징을 나타내고 있다.

16 다음은 W사의 경력평정에 관한 규정의 일부이다. 다음 중 규정을 올바르게 이해하지 못한 설명은 어느 것인가?

제15조(평정기준)

직원의 경력평정은 회사의 근무경력으로 평정한다.

제16조(경력평정 방법)

① 평정기준일 현재 근무경력이 6개월 이상인 직원에 대하여 별첨 서식에 의거 기본경력과 초과경력으로 구분하여 평정한다.

② 경력평정은 당해 직급에 한하되 기본경력과 초과경력으로 구분하여 평정한다.

③ 기본경력은 3년으로 하고, 초과경력은 기본경력을 초과한 경력으로 한다.

④ 당해 직급에 해당하는 휴직, 직위해제, 정직기간은 경력기간에 산입하지 아니한다.

⑤ 경력은 1개월 단위로 평정하되, 15일 이상은 1개월로 계산하고, 15일 미만은 산입하지 아니한다.

제17조(경력평정 점수)

평가에 의한 경력평정 총점은 30점으로 하며, 다음 각 호의 기준으로 평정한다.

① 기본경력은 월 0.5점씩 가산하여 총 18점을 만점으로 한다.

② 초과경력은 월 0.4점씩 가산하여 총 12점을 만점으로 한다.

제18조(가산점)

① 가산점은 5점을 만점으로 한다.

  • 정부포상 및 자체 포상 등(대통령 이상 3점, 총리 2점, 장관 및 시장 1점, 사장 1점, 기타 0.5점)

  • 회사가 장려하는 분야의 자격증을 취득한 자(자격증의 범위와 가점은 사장이 정하여 고시한다)

② 가산점은 당해 직급에 적용한다.

① 과장 직급으로 3년간 근무한 자가 대통령상을 수상한 경우, 경력평정 점수는 21점이다.

② 주임 직급 시 정직기간이 2개월 있었으며, 장관상을 수상한 자가 대리 근무 2년을 마친 경우 경력평정 점수는 12점이다.

③ 차장 직급으로 4년 14일 근무한 자의 경력평정 점수는 23.2점이다.

④ 차장 직책인 자는 과장 시기의 경력을 인정받을 수 없다.

> ✔ **해설** ③ 15일 미만의 경력은 산입되지 않으므로 14일을 제외한 4년만이 경력평정에 들어간다. 따라서 기본경력 3년, 초과경력 1년으로 경력평정을 계산하면 $0.5 \times 36 + 0.4 \times 12 = 22.8$점이 된다.
>
> ① 과장 직급으로 3년간 근무한 것에 정부 포상을 계산하면 $0.5 \times 36 + 3 = 21$점이다.
>
> ② 주임 직급 시 있었던 정직기간과 포상 내역은 모두 대리 직급의 경력평정에 포함되지 않으므로 대리 2년의 근무만 적용되어 $0.5 \times 24 = 12$점이다.
>
> ④ 당해 직급에 적용되는 것이므로 차장 직책인 자는 차장 직급의 근무경력으로만 근무평정이 이루어진다.

17 매트릭스 조직에 대한 설명으로 옳은 것은?

① 이중적인 명령 체계를 갖고 있다.

② 시장의 새로운 변화에 유연하게 대처하기 어렵다.

③ 기능적 조직과 사업부제 조직을 결합한 형태이다.

④ 단일 제품을 생산하는 조직에 적합한 형태이다.

> ✔해설 ① 매트릭스 조직은 구성원이 원래의 종적 계열에 소속됨과 동시에 횡적 계열이나 프로젝트 팀의 일원으로서 임무
> 를 수행하는 형태이므로 이중적인 명령 체계를 가진다.
> ② 시장의 새로운 변화에 유연하게 대처할 수 있다.
> ③ 기능적 조직과 프로젝트 조직을 결합한 형태이다.
> ④ 단일 제품을 생산하는 조직에는 적합하지 않다.

18 다음 조직 경영자에 대한 정의를 참고할 때, 경영자의 역할로 적절하지 않은 것은 어느 것인가?

> 조직의 경영자는 조직의 전략, 관리 및 운영활동을 주관하며, 조직구성원들과 의사결정을 통해 조직이
> 나아갈 방향을 제시하고 조직의 유지와 발전에 대해 책임을 지는 사람이다. 조직의 변화방향을 설정하는
> 리더이며, 조직구성원들이 조직의 목표에 부합된 활동을 할 수 있도록 이를 결합시키고 관리한다.

① 대외 협상을 주도하기 위한 자문위원을 선발한다.

② 외부환경 변화를 주시하며 조직의 변화 방향을 설정한다.

③ 우수한 인재를 뽑기 위한 구체적이고 개선된 채용 기준을 마련한다.

④ 미래전략을 연구하기 위해 기획조정실과의 회의를 주도한다.

> ✔해설 ③ 우수한 인재를 채용하고자 하는 등의 기본 방침을 설정하는 일은 조직 경영자로서의 역할이라 할 수 있으나,
> 그에 따른 구체적인 채용 기준을 마련하는 일은 해당 산하 조직의 역할이라고 보아야 한다.

ANSWER 16.③ 17.① 18.③

19 다음 내용은 A의 기업혁신에 관한 것인데, 이 기업에서는 종합생산성 혁신을 통해 각 단위로 목표에 의한 관리를 추진할 예정이라고 한다. 아래의 내용을 참조하여 밑줄 친 부분에 관한 설명으로 가장 적합하지 않은 것을 고르면?

> 동합금 제조기업 A는 연간 40억 원의 원가 절감을 목표로 '원가혁신 2030' 출범 행사를 열었다고 26일 밝혔다. 원가혁신 2030은 오는 2026년까지 경영혁신을 통해 원가 또는 비용은 20% 줄이고 이익은 30% 향상시키는 혁신활동의 일환이라고 회사 측은 설명했다.
>
> 이 회사는 원가혁신 2030을 통해 연간 40억 원을 절감한다는 계획이다. 이를 달성하기 위해 체계적으로 원가코스트 센터를 통해 예산을 통제하고, 원가활동별로 비용 절감을 위한 개선활동도 진행한다. 또 종합생산성혁신 (Total Productivity Innovation)을 통해 팀별, 본부별 단위로 <u>목표에 의한 관리</u>를 추진할 예정이다. 이에 대한 성과 평가와 보상을 위한 성과관리시스템도 구축 중이다.
>
> A는 비용 및 원가 절감뿐 아니라 원가혁신 2030을 통해 미래 성장비전도 만들어가기로 했다. 정직, 인재, 도전, 창조, 상생의 5개 핵심가치를 중심으로 지식을 공유하는 조직문화를 정착시키는 계획도 추진한다. 박 위원장은 "내실을 다지면서 변화와 혁신을 도구 삼아 지속 성장이 가능한 기업으로 거듭나야 한다."며 "제2의 창업이라는 각오로 혁신활동을 안착 시키겠다"고 말했다.

① 목표에 의한 관리가 제대로 수행되어질 수 있게끔 조직을 분권화 하는 등의 조직시스템의 재정비가 뒤따라야 한다.

② 의사소통의 통로 및 종업원들의 태도와 그들의 행위변화에 대한 대책을 마련하여, 올바른 조직문화 형성에 노력을 아끼지 말아야 한다.

③ 종업원들끼리의 지나친 경쟁과 리더의 역할갈등으로 인해 집단 저항의 우려가 있다.

④ 경영환경에 대응해야만 하는 조직의 단기적인 안목에 대한 전략이 약화될 수 있으므로 주의해야 한다.

> ✔ **해설** ④ 목표에 의한 관리방식(Management By Objectives : MBO)은 기업 조직의 경우 단기적인 목표와 그에 따른 성과에만 급급하여 조직의 장기적인 안목에 대한 전략이 약화될 수 있으므로 주의해야 하며 동시에 목표설정의 곤란, 목표 이외 사항의 경시 가능성, 장기 목표의 경시 가능성 등의 문제점이 발생할 수 있다.

20 다음의 기사와 관련성이 가장 높은 것을 고르면?

> 소주 업계에서는 甲주류의 A소주와 乙주류의 B소주가 새로운 소주를 출시하면서 두 회사 간 치열한 경쟁이 벌어지고 있다. 특히 이 두 소주 회사들은 화장품을 증정하는 프로모션을 함께 벌이면서 고객 끌어들이기에 안간힘을 쓰고 있다.
>
> A소주는 서울 경기 강원 지역 중에 대학가와 20대가 많이 모이는 유흥상권에서 화장품을 이용한 판촉행사를 진행하고 있다. A소주를 마시는 고객에게 게임을 통해 마스크 팩과 핸드크림을 나눠주고 있다. 또한 B소주에서도 서울 경기 지역에서 폼 클렌징을 증정하고 있다. 두 소주 회사들의 주요 목표층은 20대와 30대 남성들로 멋 내기에도 관심이 있는 계층이어서 화장품에 대한 만족도도 매우 높은 것으로 알려지고 있다. A소주 판촉팀 관계자는 마스크 팩이나 핸드크림을 증정 받은 남성들의 반응이 좋아 앞으로 화장품 프로모션은 계속 될 것이라고 말했다. 이 관계자는 또 "화장품이 소주의 판촉물로 선호되는 것은 무엇보다도 화장품이라는 아이템이 깨끗하고, 순수한 느낌을 주고 있어 가장 적합한 제품"이라고 덧붙였다. 특히 폼 클렌징을 증정 받아 사용해본 고객들은 사용 후 폼 클렌징을 직접 구매하고 있어 화장품 업계에서도 이를 적극 권유하고 있다. 업계 관계자는 "화장품과 식품음료업체간의 이러한 마케팅은 상대적으로 적은 비용으로 브랜드 인지도와 매출을 동시에 높일 수 있는 효과를 거둘 수 있다"며 "비슷한 소비층을 목표로 한 업종 간의 마케팅이 더욱 활발하게 전개될 것"이라고 전망했다.

① 제품의 수요 또는 공급을 선택적으로 조절해 장기적인 측면에서 자사의 이미지 제고와 수익의 극대화를 꾀하는 마케팅 활동이다.

② 시장의 경쟁체제는 치열해지고 이러한 레드 오션 안에서 틈새를 찾아 수익을 창출하는 마케팅 활동이다.

③ 유통 경로 수준에 있는 기업들이 자본, 생산, 마케팅 기능 등을 결합해 각 기업의 경쟁 우위를 공유하려는 마케팅 활동이다.

④ 이메일이나 또는 다른 전파 가능한 매체를 통해서 자발적으로 어떤 기업이나 기업의 제품을 홍보할 수 있도록 제작하여 널리 퍼지게 하는 마케팅 활동이다.

> ✔ **해설** ③ 문제의 지문은 공생 마케팅을 설명하고 있다. 소주 업계와 화장품 회사 간의 자원의 연계로 인해 시너지 효과를 극대화시키는 전략이다. 즉, 공생 마케팅(Symbiotic Marketing)은 동일한 유통 경로 수준에 있는 기업들이 자본, 생산, 마케팅 기능 등을 결합해 각 기업의 경쟁 우위를 공유하려는 마케팅 활동으로써 이에 참여하는 업체가 경쟁 관계에 있는 경우가 보통이며 자신의 브랜드는 그대로 유지한다. 흔히, 경쟁 관계에 있는 업체끼리의 제휴라는 면에서 이는 적과의 동침이라고 불리기도 한다. 또한 다른 말로 수평적 마케팅 시스템 (Horizontal Marketing System)이라고도 할 수 있다.
> ① 디 마케팅(De Marketing)
> ② 니치 마케팅(Niche Marketing)
> ④ 바이러스 마케팅(Virus – Marketing)

21 아래의 기사를 읽고 이 글에서 다루고 있는 회의방식에 관련한 사항으로 적절하지 않은 것을 고르면?

> 2026월드컵을 앞둔 A국가 축구국가대표팀은 사전훈련캠프를 모두 마쳤다. B국가, C국가와 두 차례 매치를 통해 경기감각을 끌어올렸고 체력훈련과 세부전술까지 소화하며 조금씩 희망을 키워갔다.
>
> 여기에 치열했던 브레인스토밍도 희망요소다. 선수들은 틈날 때마다 머리를 맞대고 자체 미팅을 가졌다. 주제도, 방식도 아주 다양했는데 특히 훈련 내용과 실전에서의 효율적인 움직임에 대한 이야기가 많았다는 후문이다. 장소는 가리지 않았다. 선수들이 옹기종기 모여 이미지 트레이닝을 하는 장면은 곳곳에서 포착됐다.
>
> 전용훈련장에서는 물론이고 숙소 식당과 커피숍, 숙소와 훈련장(경기장)을 왕복한 버스, 심지어 아침식사 전 머리를 깨우기 위해 갖는 가벼운 산책길에서도 선수들은 수시로 토론을 했다. 트레이닝센터에서부터 캠프에서도 본격적인 최종엔트리 강화훈련 이후에 미팅이 눈에 띄게 늘어났다. 이 미팅의 형태는 주장의 주도로 전체 미팅을 하고나면 선수들이 패턴을 수시로 바뀌가며 2차 대화를 갖는 형태다.

① 위와 같은 회의방식은 1941년에 미국의 광고회사 부사장 알렉스 F. 오즈번의 제창으로 그의 저서 「독창력을 신장하라」로 널리 소개되었다.

② 한 사람보다 다수인 쪽이 제기되는 아이디어가 많다.

③ 이러한 회의방법에서는 어떠한 내용의 발언이라도 그에 대한 비판을 해서는 안 되며, 오히려 자유분방하고 엉뚱하기까지 한 의견을 출발점으로 하여 구성원들이 아이디어를 전개시켜 나가도록 하고 있는데, 일종의 자유연상법이라고도 할 수 있다.

④ 아이디어 수가 많을수록 양적으로 우수한 아이디어가 나올 가능성이 많다.

> **✔해설** ④ 두 번째 문단 "여기에 치열했던 브레인스토밍도 희망요소다."에서 알 수 있듯이 지문에 나와 있는 회의 방식은 브레인스토밍이다. 브레인스토밍은 문제를 해결하기 위해서는 혼자만의 구상보다는 여러 사람이 함께하는 방법이 더 효과적일 수 있다는 인지 하에 주어진 한 가지 문제를 놓고 여러 사람이 머리를 맞대고 회의를 통해 아이디어를 구상하는 방법으로, 많은 아이디어를 얻는 데 매우 효과적인 방법을 의미한다. "틈날 때마다 머리를 맞대고 자체 미팅을 가졌다.", "식당과 커피숍, 숙소와 훈련장(경기장)을 왕복한 버스, 심지어 아침식사 전 머리를 깨우기 위해 갖는 가벼운 산책길에서도 선수들은 수시로 토론을 했다."에서 브레인스토밍의 특징을 암시하고 있는데, ④의 경우 회의를 통해 양적으로 아이디어 수는 많아지지만 지속적인 회의를 통해 내용이 걸러지게 되므로 그 중에서 더 나은 질적인 우수한 아이디어가 나올 가능성이 많아지게 되는 것이다.

22 아래의 표는 어느 기업의 조직도를 나타내고 있다. 이를 참조하여 분석 및 추론한 것으로 가장 옳지 않은 항목을 고르면?

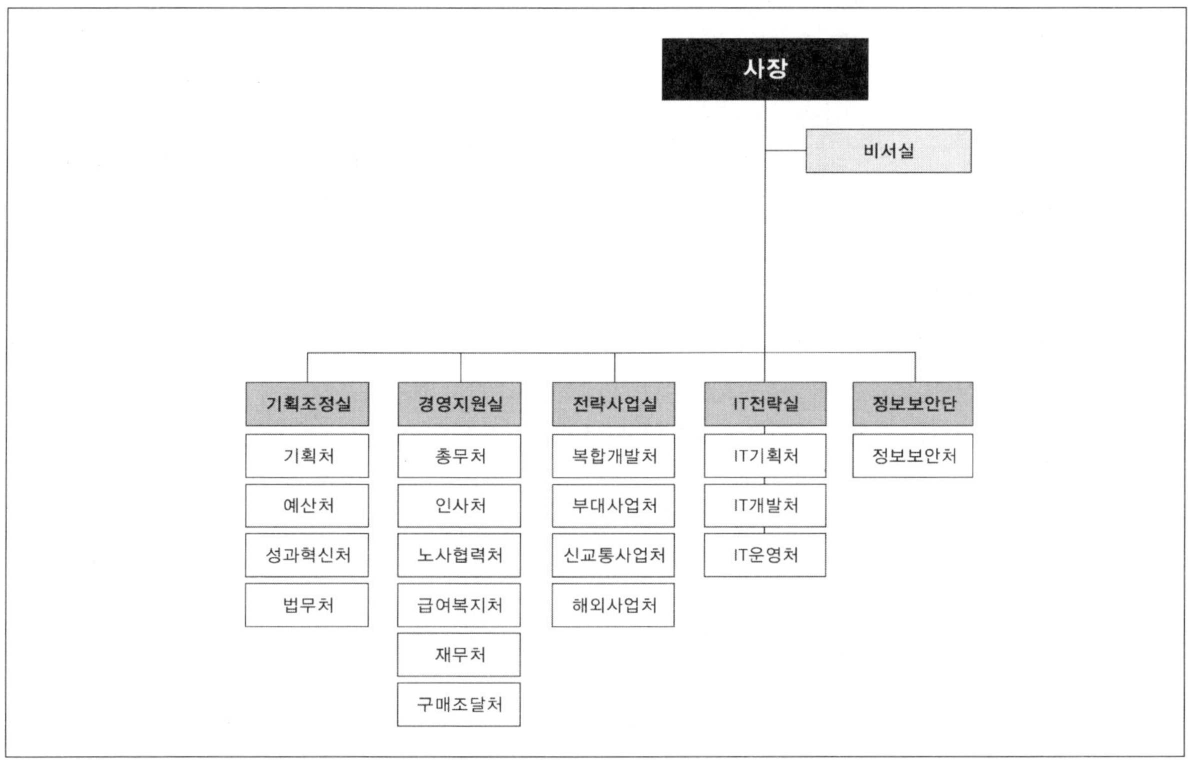

① 위 조직도의 가장 상위의 업무를 관장하게 되는 것은 비서실이며, 사장의 부속실 역할을 수행함을 알 수 있다.

② 기획조정실은 1실 4처로 구성되어 있다.

③ 경영지원실은 1실 6처로 구성되어 있다.

④ 사장 아래에 있는 부서는 5실 2단으로 구성되어 있다.

> ✔ **해설** ④ 표에서 보면 사장 아래에 있는 부서는 4실(기획조정실, 경영지원실, 전략사업실, IT 전략실) 1단(정보보안단)으로 구성되어져 있음을 알 수 있다.

23 다음은 관리조직의 일반적인 업무내용을 나타내는 표이다. 표를 참고할 때, C 대리가 〈보기〉와 같은 업무를 처리하기 위하여 연관되어 있는 팀만으로 나열된 것은 어느 것인가?

부서명	업무내용
총무팀	집기비품 및 소모품의 구입과 관리, 사무실 임차 및 관리, 차량 및 통신시설의 운영, 국내외 출장업무 협조, 사내외 홍보 광고업무, 회의실 및 사무 공간 관리, 사내·외 행사 주관
인사팀	조직기구의 개편 및 조정, 업무분장 및 조정, 인력수급계획 및 관리, 노사관리, 평가관리, 상벌관리, 인사발령, 교육체계 수립 및 관리, 임금제도, 복리후생제도 및 지원업무, 복무관리, 퇴직관리
기획팀	경영계획 및 전략 수립, 전사기획업무 종합 및 조정, 경영정보 조사 및 기획보고, 경영진단업무, 종합예산수립 및 실적관리, 단기사업계획 종합 및 조정, 사업계획, 손익추정, 실적관리 및 분석
외환팀	수출입 외화자금 회수, 외환 자산 관리 및 투자, 수출 물량 해상 보험 업무, 직원 외환업무 관련 교육 프로그램 시행, 영업활동에 따른 환차손익 관리 및 손실 최소화 방안 강구
회계팀	회계제도의 유지 및 관리, 재무상태 및 경영실적 보고, 결산 관련 업무, 재무제표 분석 및 보고, 법인세, 부가가치세, 국세 지방세 업무자문 및 지원, 보험가입 및 보상업무, 고정자산 관련 업무

〈보기〉

　C 대리는 오늘 매우 바쁜 하루를 보내야 한다. 항공사의 파업으로 비행 일정이 아직 정해지지 않아 이틀 후로 예정된 출장이 확정되지 않고 있다. 일정 확정 통보를 받는 즉시 지사와 연락을 취해 현지 거래처와의 미팅 일정을 논의해야 한다. 또한, 지난 주 퇴직한 선배사원의 퇴직금 정산 내역을 확인하여 이메일로 자료를 전해주기로 하였다. 오후에는 3/4분기 사업계획 관련 전산입력 담당자 회의에 참석하여야 하며, 이를 위해 회의 전 전년도 실적 관련 자료를 입수해 확인해 두어야 한다.

① 인사팀, 기획팀, 외환팀
② 총무팀, 기획팀, 회계팀
③ 총무팀, 인사팀, 외환팀, 회계팀
④ 총무팀, 인사팀, 기획팀, 회계팀

 ④ 출장을 위한 항공 일정 확인 및 확정 업무는 총무팀의 협조가 필요하며, 퇴직자의 퇴직금 정산 내역은 인사팀의 협조가 필요하다. 사업계획 관련 회의는 기획팀에서 주관하는 회의가 될 것이며, 전년도 실적 자료를 입수하는 것은 회계팀에 요청하거나 회계팀의 확인 작업을 거쳐야 공식적인 자료로 간주될 수 있을 것이다. 따라서 총무팀, 인사팀, 기획팀, 회계팀과의 업무 협조가 예상되는 상황이며, 외환팀과의 업무 협조는 '오늘' 예정되어 있다고 볼 수 없다.

24 다음 설명의 빈칸에 들어갈 말이 순서대로 바르게 짝지어진 것은?

> (   )은(는) 상대 기업의 경영권을 획득하는 것이고, (   )은(는) 두 개 이상의 기업이 결합하여 법률적으로 하나의 기업이 되는 것이다. 최근에는 금융적 관련을 맺거나 또는 전략적인 관계까지 포함시켜 보다 넓은 개념으로 사용되고 있다. 기업은 이를 통해서 시장 지배력을 확대하고 경영을 다각화시킬 수 있으며 사업 간 시너지 효과 등을 거둘 수 있다. 이러한 개념이 발전하게 된 배경은 기업가 정신에 입각한 사회 공헌 실현 등 경영 전략적 측면에서 찾을 수 있다. 그러나 대상 기업의 대주주와 협상·협의를 통해 지분을 넘겨받는 형태를 취하는 우호적인 방식이 있는 반면 기존 대주주와의 협의 없이 기업 지배권을 탈취하는 적대적인 방식도 있다.

① 인수, 제휴　　　　　　　　　② 인수, 합작
③ 인수, 합병　　　　　　　　　④ 합병, 인수

✔ **해설** ③ 제시문은 기업 인수와 합병 즉, M&A의 의미와 기업에게 주는 의미를 간략하게 설명하는 글이다. 기업 입장에서 M&A는 기업의 외적 성장을 위한 발전전략으로 이해된다. 따라서 M&A는 외부적인 경영자원을 활용하여 기업의 성장을 도모하는 가장 적절한 방안으로 볼 수 있는 것이다. '인수'는 상대 기업을 인수받아 인수하는 기업의 일부로 예속하게 되는 것이며, '합병'은 두 기업을 하나로 합친다는 의미를 갖는다. 두 가지 모두 기업 경영권의 변화가 있는 것으로, 제휴나 합작 등과는 다른 개념이다.

25 다음 중 ㉠에 들어갈 경영전략 추진과정은?

전략목표설정 → 환경분석 → ㉠ → 경영전략 실행 → 평가 및 피드백

① 경영전략 구성　　　　　　　② 경영전략 분석
③ 경영전략 도출　　　　　　　④ 경영전략 제고

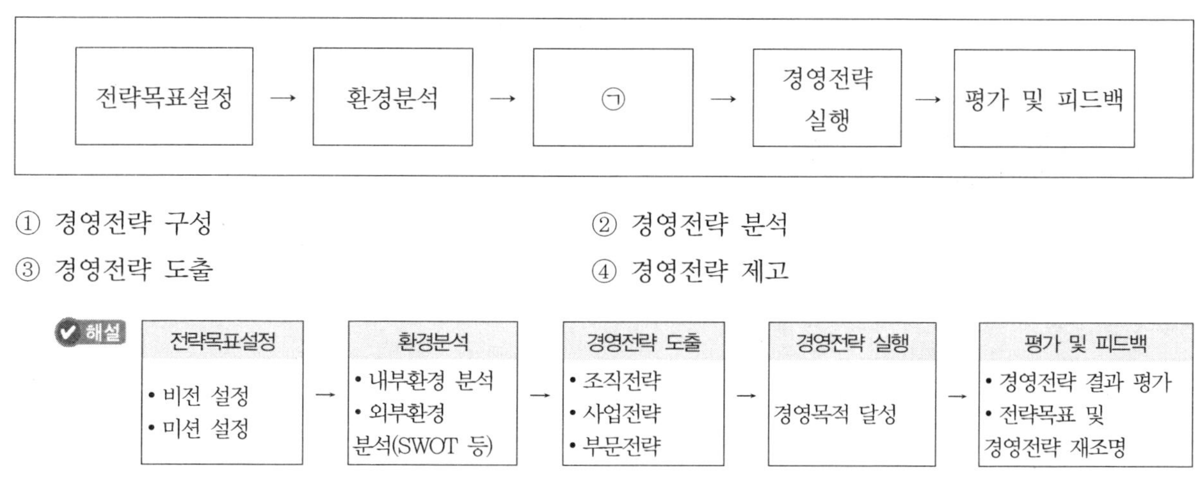

[수리능력] 출제유형

① 기초연산능력 : 사칙연산, 검산과 관련한 문제가 출제된다. 데이터나 통계를 확인하여 기초연산을 하는 문제가 주로 출제된다.
② 기초통계능력 : 업무 수행에 필요한 수량계산, 표본을 통한 특성 유추, 논리적으로 결론을 추출하기 위한 문제가 출제된다.
③ 도표분석능력 : 도표가 제시되고 그에 따른 연산문제가 출제된다.
④ 도표작성능력 : 제시된 통계를 확인하고 도표를 작성하는 문제이다.

[수리능력] 출제경향

업무를 수행함에 있어 필요한 기본적인 수리능력은 물론이고 지원자의 논리성까지 파악할 수 있는 문항들로 구성된다. 사칙연산, 방정식과 부등식, 응용계산, 수열추리, 자료해석 등의 유형이 출제된다. 기초연산의 출제 비중이 높아 크게 어려운 편은 아니지만, 실전에서 짧은 시간 내에 정확하게 풀어낼 수 있는 능력을 요구하며, 표나 그래프를 보며 문제를 해결하는 자료해석 문제 역시 꾸준히 출제되고 있다.

[수리능력] 빈출유형

기초연산											
응용계산											
도표 분석											
그래프 분석 · 작성											

예제 01 도표분석능력

다음 자료를 보고 주어진 상황에 대한 물음에 답하시오.

〈근로소득에 대한 간이 세액표〉

월 급여액(천 원) [비과세 및 학자금 제외]		공제대상 가족 수				
이상	미만	1	2	3	4	5
2,500	2,520	38,960	29,280	16,940	13,570	10,190
2,520	2,540	40,670	29,960	17,360	13,990	10,610
2,540	2,560	42,380	30,640	17,790	14,410	11,040
2,560	2,580	44,090	31,330	18,210	14,840	11,460
2,580	2,600	45,800	32,680	18,640	15,260	11,890
2,600	2,620	47,520	34,390	19,240	15,680	12,310
2,620	2,640	49,230	36,100	19,900	16,110	12,730
2,640	2,660	50,940	37,810	20,560	16,530	13,160
2,660	2,680	52,650	39,530	21,220	16,960	13,580
2,680	2,700	54,360	41,240	21,880	17,380	14,010
2,700	2,720	56,070	42,950	22,540	17,800	14,430
2,720	2,740	57,780	44,660	23,200	18,230	14,850
2,740	2,760	59,500	46,370	23,860	18,650	15,280

※ 갑근세는 제시되어 있는 간이 세액표에 따름
※ 주민세 = 갑근세의 10%
※ 국민연금 = 급여액의 4.50%
※ 고용보험 = 국민연금의 10%
※ 건강보험 = 급여액의 2.90%
※ 교육지원금 = 분기별 100,000원(매 분기별 첫 달에 지급)

박○○ 사원의 5월 급여내역이 다음과 같다. 전월과 동일하게 근무하였으나 특별수당은 없고 차량 지원금으로 100,000원을 받게 된다면, 6월에 받게 되는 급여는 얼마인가? (단, 원 단위 절삭)

(주) A플랜테크 5월 급여내역			
성명	박○○	지급일	5월 12일
기본급여	2,240,000	갑근세	39,530
직무수당	400,000	주민세	3,950
명절 상여금		고용보험	11,970
특별수당	20,000	국민연금	119,700
차량지원금		건강보험	77,140
교육지원		기타	
급여계	2,660,000	공제합계	252,290
		지급총액	2,407,710

① 2,443,910

② 2,453,910

③ 2,463,910

④ 2,473,910

출제의도

업무상 계산을 수행하거나 결과를 정리하고 업무비용을 측정하는 능력을 평가하기 위한 문제로서, 주어진 자료에서 문제를 해결하는 데에 필요한 부분을 빠르고 정확하게 찾아내는 것이 중요하다.

해설

기본급여	2,240,000	갑근세	46,370
직무수당	400,000	주민세	4,630
명절 상여금		고용보험	12,330
특별수당		국민연금	123,300
차량지원금	100,000	건강보험	79,460
교육지원		기타	
급여계	2,740,000	공제합계	266,090
		지급총액	2,473,910

답 ④

다음 식을 바르게 계산한 것은?

$$1 + \frac{2}{3} + \frac{1}{2} - \frac{3}{4}$$

① $\dfrac{13}{12}$

② $\dfrac{15}{12}$

③ $\dfrac{17}{12}$

④ $\dfrac{19}{12}$

출제의도

직장생활에서 필요한 기초적인 사칙연산과 계산방법을 이해하고 활용할 수 있는 능력을 평가하는 문제로서, 분수의 계산과 통분에 대한 기본적인 이해가 필요하다.

해설

$$\frac{12}{12} + \frac{8}{12} + \frac{6}{12} - \frac{9}{12} = \frac{17}{12}$$

답 ③

예제 03 기초통계능력

인터넷 쇼핑몰에서 회원가입을 하고 디지털캠코더를 구매하려고 한다. 다음은 구입하고자 하는 모델에 대하여 인터넷 쇼핑몰 세 곳의 가격과 조건을 제시한 표이다. 표에 있는 모든 혜택을 적용하였을 때 디지털캠코더의 배송비를 포함한 실제 구매가격을 바르게 비교한 것은?

구분	A 쇼핑몰	B 쇼핑몰	C 쇼핑몰
정상가격	129,000원	131,000원	130,000원
회원혜택	7,000원 할인	3,500원 할인	7% 할인
할인쿠폰	5% 쿠폰	3% 쿠폰	5,000원
중복할인여부	불가	가능	불가
배송비	2,000원	무료	2,500원

① A < B < C

② B < C < A

③ C < A < B

④ C < B < A

출제의도

직장생활에서 자주 사용되는 기초적인 통계기법을 활용하여 자료의 특성과 경향성을 파악하는 능력이 요구되는 문제이다.

해설

㉠ A 쇼핑몰
- 회원혜택을 선택한 경우 : 129,000 − 7,000 + 2,000 = 124,000(원)
- 5% 할인쿠폰을 선택한 경우 : 129,000 × 0.95 + 2,000 = 124,550

㉡ B 쇼핑몰 :
131,000 × 0.97 − 3,500 = 123,570

㉢ C 쇼핑몰
- 회원혜택을 선택한 경우 : 130,000 × 0.93 + 2,500 = 123,400
- 5,000원 할인쿠폰을 선택한 경우 : 130,000 − 5,000 + 2,500 = 127,500

∴ C<B<A

답 ④

`예제 04` **기초연산능력**

둘레의 길이가 4.4km인 정사각형 모양의 공원이 있다. 이 공원의 넓이는 몇 a인가?

① 12,100a

② 1,210a

③ 121a

④ 12.1a

출제의도

길이, 넓이, 부피, 들이, 무게, 시간, 속도 등 단위에 대한 기본적인 환산 능력을 평가하는 문제로서, 소수점 계산이 필요하며, 자릿수를 읽고 구분할 줄 알아야 한다.

해설

공원의 한 변의 길이는

$4.4 \div 4 = 1.1(\text{km})$ 이고

$1\text{km}^2 = 10,000\text{a}$ 이므로

공원의 넓이는

$1.1\text{km} \times 1.1\text{km} = 1.21km^2$

$= 12,100a$

답 ①

`예제 05` **도표분석능력**

다음 표는 2025 ～ 2026년 지역별 직장인들의 자기개발에 관해 조사한 내용을 정리한 것이다. 이에 대한 분석으로 옳은 것은?

(단위 : %)

연도 지역 / 구분	2025년				2026년			
	자기개발 하고 있음	자기개발 비용 부담 주체			자기개발 하고 있음	자기개발 비용 부담 주체		
		직장 100%	본인 100%	직장50%+ 본인50%		직장 100%	본인 100%	직장50%+ 본인50%
충청도	36.8	8.5	88.5	3.1	45.9	9.0	65.5	24.5
제주도	57.4	8.3	89.1	2.9	68.5	7.9	68.3	23.8
경기도	58.2	12	86.3	2.6	71.0	7.5	74.0	18.5
서울시	60.6	13.4	84.2	2.4	72.7	11.0	73.7	15.3
경상도	40.5	10.7	86.1	3.2	51.0	13.6	74.9	11.6

① 2025년과 2026년 모두 자기개발 비용을 본인이 100% 부담하는 사람의 수는 응답자의 절반 이상이다.

② 자기개발을 하고 있다고 응답한 사람의 수는 2025년과 2026년 모두 서울시가 가장 많다.

③ 자기개발 비용을 직장과 본인이 각각 절반씩 부담하는 사람의 비율은 2025년과 2026년 모두 서울시가 가장 높다.

④ 2025년과 2026년 모두 자기개발을 하고 있다고 응답한 비율이 가장 높은 지역에서 자기개발비용을 직장이 100% 부담한다고 응답한 사람의 비율이 가장 높다.

출제의도

그래프, 그림, 도표 등 주어진 자료를 이해하고 의미를 파악하여 필요한 정보를 해석하는 능력을 평가하는 문제이다.

해설

② 지역별 인원수가 제시되어 있지 않으므로, 각 지역별 응답자 수는 알 수 없다.

③ 2025년에는 경상도에서, 2026년에는 충청도에서 가장 높은 비율을 보인다.

④ 2025년과 2026년 모두 '자기개발을 하고 있다'고 응답한 비율이 가장 높은 지역은 서울시이며, 2026년의 경우 자기개발 비용을 직장이 100% 부담한다고 응답한 사람의 비율이 가장 높은 지역은 경상도이다.

답 ①

1 A, B 2개의 생산라인에서 레일을 생산한다. 2개의 생산라인을 하루 종일 풀가동할 경우 3일 동안 525개의 레일을 생산할 수 있으며, A라인만을 풀가동하여 생산할 경우 90개의 레일을 생산할 수 있다. A라인만을 풀가동하여 5일간 제품을 생산하고 이후 2일은 B라인만을, 다시 추가로 2일간은 A, B라인을 함께 풀가동하여 생산을 진행한다면, 생산한 레일의 개수는 모두 몇 개인가?

① 940개 　　　　　　　　　　　② 970개
③ 1,050개 　　　　　　　　　　 ④ 1,120개

> ✔해설 ② 일률을 계산하는 문제이다. 2개의 생산라인을 풀가동하여 3일 간 525개의 레일을 생산하므로 하루에 2개 생산라인에서 생산되는 레일의 개수는 525 ÷ 3 = 175개가 된다. 이 때, A라인만을 풀가동하여 생산할 수 있는 레일의 개수가 90개이므로 B라인의 하루 생산 개수는 175 − 90 = 85개가 된다. 따라서 구해진 일률을 통해 A라인 5일, B라인 2일, A + B라인 2일의 생산 결과를 계산하면, 생산한 총 레일의 개수는 $(90 \times 5) + (85 \times 2) + (175 \times 2)$ = 450 + 170 + 350 = 970개가 된다.

2 H상점에서는 A와 B제품을 각각 2,000원과 1,500원에 판매하고 있다. 당월의 A제품 판매량이 전월 대비 10% 증가하였고, B제품 판매량이 전월 대비 20% 감소하여 총 판매액이 5% 증가하였다. 전월의 합계 판매량이 3,800개였다면 당월에 A제품은 B제품보다 몇 개 더 많이 판매한 것인가? (당월의 A, B제품 가격은 전월과 동일하다.)

① 2,200개 　　　　　　　　　　② 2,220개
③ 2,240개 　　　　　　　　　　④ 2,660개

> ✔해설 ④ 전월의 A제품 판매량을 x, B제품의 판매량을 y라 하면 $x + y = 3,800$이고, 총 판매액은 $2,000x + 1,500y$원이 된다. 올해 A제품의 판매량은 $1.1x$, B제품의 판매량은 $0.8y$이므로 총 판매액은 $2,200x + 1,200y = 1.05(2,000x + 1,500y)$가 되어 이를 풀면 $100x = 375y$가 되어 결국 $x = 3.75y$가 된다. $x + y = 3,800$이라고 했으므로, $4.75y = 3,800$이 되어 $y = 800$, $x = 3,000$이 된다. 따라서 당월 A제품 판매량은 3,300개, B제품 판매량은 640개가 되므로 A제품은 B제품보다 3,300 − 640 = 2,660개 더 많이 판매한 것이 된다.

┃3~4┃ 다음은 교통사고와 관련된 예시자료이다. 자료를 보고 이어지는 물음에 답하시오.

구분	2019년	2020년	2021년	2022년	2023년	2024년	2025년
사고(천 건)	212	222	224	215	224	232	221
사망(명)	6,166	5,229	5,392	5,092	4,762	4,621	4,292
부상(천 명)	336	341	345	329	337	350	332
자동차 1만대 당 교통사고(건)	3.1	2.4	2.4	2.2	2.0	1.9	1.7
인구 10만 명 당 교통사고 사망자수(명)	12.7	10.7	10.8	10.1	9.4	9.1	8.5
보행 시 교통사고자 중 사망자 구성비(%)	37.4	39.1	37.6	38.9	40.1	38.8	39.9

3 다음 중 위의 자료를 올바르게 해석하지 못한 것은 어느 것인가?

① 2025년에는 10년 전보다 사고 건수와 보행 시 교통사고자 중 사망자 구성비가 더 증가하였다.

② 교통사고 사망자와 부상자 수의 합은 2021년 이후 지속적으로 감소하였다.

③ 2020 ~ 2025년까지의 평균 사고 건수보다 더 높은 사고 건수를 기록한 해는 3개 연도이다.

④ 보행 시 교통사고가 나면 10명 중 약 4명꼴로 사망하였다.

> ✔해설 ② 사망자와 부상자의 단위가 다른 것에 주의하여 계산해 보면, 2021년부터 사망자와 부상자 수의 합은 각각 350,392명, 334,092명, 341,762명, 354,621명, 336,292명으로 지속 감소하지 않았음을 알 수 있다.
> ③ 2020 ~ 2025년까지의 평균 사고 건수는 (222 + 224 + 215 + 224 + 232 + 221) ÷ 6 = 223천 건이므로 2021년, 2023년, 2024년의 사고 건수가 평균보다 더 높다.

4 2019년의 총 자동차 대수가 1천만 대였다고 가정할 경우, 2025년의 총 자동차 교통사고 건수가 2019년과 같아지게 될 때의 총 자동차 대수는 몇 대인가? (반올림하여 천의 자리까지 표시한다.)

① 17,508천 대　　　　　② 17,934천 대

③ 18,011천 대　　　　　④ 18,235천 대

> ✔해설 ④ 2019년의 총 자동차 대수가 1천만 대라면 총 자동차 교통사고 건수는 $1,000 \times 3.1 = 3,100$건이 된다. 2025년의 총 자동차 대수를 x라 하면, 2025년의 총 자동차 교통사고 건수가 3,100건이 되기 위해서는 $10,000 : 1.7 = x : 3,100$이 성립해야 한다. 따라서 $x = 10,000 \times 3,100 \div 1.7 = 18,235,294 \rightarrow 18,235$천 대가 된다.

ANSWER 1.② 2.④ 3.② 4.④

▮5~7▮ 다음 숫자들의 배열 규칙을 찾아 ?에 들어갈 알맞은 숫자를 고르시오.

5

4	9	14
3	7	11
7	?	25

① 15 ② 16

③ 17 ④ 18

 ② 각 열의 3행 숫자들은 1행의 숫자와 2행의 숫자를 더한 값이다. 따라서 9 + 7 = 16이다.

6

90	45	15	3	3
2	3	?	1	

① 6 ② 5

③ 4 ④ 3

㉠	㉡

㉢

$㉠ ÷ ㉡ = ㉢$

$15 ÷ 3 = 5$

7

4	9
16	25

⇨

8	27
64	?

① 50 ② 75

③ 100 ④ 125

2^2	3^2
4^2	5^5

⇨

2^3	3^3
4^3	5^3

8 아버지가 8만 원을 나눠서 세 딸에게 용돈을 주려고 한다. 첫째 딸과 둘째 딸은 3:1, 둘째 딸과 막내딸은 7:4의 비율로 주려고 한다면 막내딸이 받는 용돈은 얼마인가?

① 10,000원
② 15,000원
③ 20,000원
④ 25,000원

✔ 해설 ① 딸들이 받는 돈의 비율은 21:7:4이다. 막내딸은 80,000원의 $\frac{4}{32}$를 받으므로 10,000원을 받는다.

9 어떤 일을 하는데 정빈이는 18일, 수인이는 14일이 걸린다. 처음에는 정빈이 혼자서 3일 동안 일하고, 그 다음은 정빈이와 수인이가 같이 일을 하다가 마지막 하루는 수인이만 일하여 일을 끝냈다. 정빈이와 수인이가 같이 일한 기간은 며칠인가?

① 3일
② 4일
③ 5일
④ 6일

✔ 해설 ④ 정빈이가 하루 일하는 양 $\frac{1}{18}$, 수인이가 하루 일하는 양 $\frac{1}{14}$

전체 일의 양을 1로 놓고 같이 일을 한 일을 x라 하면

$$\frac{3}{18} + (\frac{1}{18} + \frac{1}{14})x + \frac{1}{14} = 1$$

$$\frac{(16x+30)}{126} = 1$$

$$\therefore x = 6일$$

10 1시간에 책을 60쪽씩 읽는 사람이 있다. 30분씩 읽고 난 후 5분씩 휴식하면서 3시간동안 읽으면 모두 몇 쪽을 읽게 되는가? (단, 읽는 속도는 일정하다.)

① 155쪽

② 135쪽

③ 115쪽

④ 105쪽

> **✔해설** ① 1시간에 60쪽을 읽으므로, 1분에 1쪽을 읽는 것과 같다. 30분씩 읽고 5분 휴식하는 것을 묶어 35분으로 잡는다. $180 = 35 \times 5 + 5$이므로 30분씩 5번 읽고, 5분을 더 읽는 것과 같다.
> ∴ $30 \times 5 + 5 = 155$(쪽)

11 차고 및 A, B, C 간의 거리는 다음 표와 같다. 차고에서 출발하여 A, B, C 3개의 수요지를 각각 1대의 차량이 방문하는 경우에 비해, 1대의 차량으로 3개의 수요지를 모두 방문하고 차고지로 되돌아오는 경우, 수송 거리가 최대 몇 km 감소되는가?

구분	A	B	C
차고	10	13	12
A	–	5	10
B	–	–	7

① 30km

② 32km

③ 34km

④ 36km

> **✔해설** ④ A, B, C의 장소를 각각 1대의 차량으로 방문할 시의 수송거리는 $(10 + 13 + 12) \times 2 = 70$km, 하나의 차량으로 3곳 수요지를 방문하고 차고지로 되돌아오는 경우의 수송거리 $10 + 5 + 7 + 12 = 34$km, 그러므로 $70 - 34 = 36$km가 된다.

12 6개의 흰 공과 4개의 검은 공이 들어 있는 주머니에서 임의로 공을 꺼내는 시행을 반복할 때, 처음 두 번 꺼낸 공이 모두 흰 공일 확률은? (단, 꺼낸 공은 다시 넣지 않는다.)

① $\dfrac{1}{2}$ ② $\dfrac{1}{3}$

③ $\dfrac{5}{6}$ ④ $\dfrac{3}{10}$

 ㉠ 처음에 흰 공을 꺼낼 확률 : $\dfrac{6}{10}$

㉡ 두 번째에 흰 공을 꺼낼 확률 : $\dfrac{5}{9}$

∴ 동시에 일어나야 하므로 $\dfrac{6}{10} \times \dfrac{5}{9} = \dfrac{1}{3}$

13 甲은행에서는 고객서비스 강화를 위해 1억 원을 투자하여 연간 15%의 수익률을 올리는 것을 목표로 새로운 택배서비스를 시작하였다. 이때, 택배서비스의 목표수입가격은 얼마가 적당한가? (단, 예상 취급량 30,000개/연, 택배서비스 취급원가 1,500원/개)

① 1,000원

② 1,500원

③ 2,000원

④ 2,500원

③ 1억 원을 투자하여 15%의 수익률을 올리므로 수익은 15,000,000원이다. 예상 취급량이 30,000개이므로 15,000,000 ÷ 30,000 = 500(원)이고, 취급원가가 1,500원이므로 목표수입가격은 1,500 + 500 = 2,000(원)이 된다.

14 갑, 을, 병은 각각 640원, 760원, 1,100원의 저금을 가지고 있다. 매주 갑이 240원, 을이 300원, 병이 220원씩 더 저축한다고 하면, 갑과 을의 저축액의 합이 병의 저축액의 2배가 되는 것은 몇 주 후인가?

① 6주

② 7주

③ 8주

④ 9주

> ✔ **해설** ③ 2배가 되는 시점을 x주라고 하면
> $(640 + 240x) + (760 + 300x) = 2(1,100 + 220x)$
> $540x - 440x = 2,200 - 1,400$
> $100x = 800$
> $\therefore\ x = 8$

15 아시안 게임에 참가한 어느 종목의 선수들을 A, B, C 등급으로 분류하여 전체 4천5백만 원의 포상금을 지급하려고 한다. A등급의 선수 각각은 B등급보다 2배, B등급은 C등급보다 1.5배 지급하려고 한다. A등급은 5명, B등급은 10명, C등급은 15명이라면, A등급을 받은 선수 한 명에게 지급될 금액은?

① 300만 원

② 400만 원

③ 450만 원

④ 500만 원

> ✔ **해설** ① A등급 한 명에게 지급되는 금액을 $6x$,
> B등급 한 명에게 지급되는 금액을 $3x$,
> C등급 한 명에게 지급되는 금액을 $2x$라 하면,
> $6x \times 5 + 3x \times 10 + 2x \times 15 = 4,500$(만 원)으로,
> $x = 50 \rightarrow 6x = 300$(만 원)

16 甲은행 공채에 응시한 남녀의 비는 5 : 4이고, 합격자 남녀의 비는 4 : 3, 불합격자 남녀의 비가 6 : 5이다. 총 합격자의 수가 140명일 때 甲은행 공채에 응시한 인원수는 몇 명인가?

① 320명

② 340명

③ 360명

④ 380명

✔해설 ③ 합격자가 140명이고 남녀비가 4 : 3이므로 합격한 남자의 수는 80명, 여자의 수는 60명이다. 남자 응시인원을 $5a$, 여자 응시인원을 $4a$라 하고, 남자 불합격인원을 $6b$, 여자 불합격인원을 $5b$라 할 때 만들어지는 식은 다음과 같다.

$$\begin{cases} 5a - 6b = 80 \\ 4a - 5b = 60 \end{cases}$$

두 식을 연립하여 풀면 $a = 40$, $b = 20$이므로, 총 응시인원은 $9a = 360$(명)이다.

17 甲은행 인적성검사는 오답인 경우 감점이 있다. 한 문제당 점수는 5점, 오답 감점점수는 2점이다. 총 20문제를 풀어서 70점 이상 받아야 합격일 때, 최소한 몇 문제를 맞아야 합격할 수 있는가? (단, 빈칸으로 놔둔 문제도 오답으로 간주한다.)

① 15개

② 16개

③ 17개

④ 18개

✔해설 ② 정답의 개수를 a, 오답의 개수를 $20-a$라 할 때, 20문제 중 70점 이상 받아야 합격이므로 이를 식으로 나타내면 다음과 같다.

$$5a - 2(20 - a) \geq 70$$

$$7a \geq 110$$

$$a \geq 15.\text{xx}$$

∴ 16문제 이상 맞아야 합격할 수 있다.

18 고가의 피규어를 인터넷 경매를 통해 판매하려고 한다. 경매 방식과 규칙, 예상 응찰 현황이 다음과 같을 때, 경매 결과를 바르게 예측한 것은?

- 경매 방식 : 각 상품은 따로 경매하거나 묶어서 경매
- 경매 규칙
- − 낙찰자 : 최고가로 입찰한 자
- − 낙찰가 : 두 번째로 높은 입찰가
- − 두 상품을 묶어서 경매할 경우 낙찰가의 5%를 할인해 준다.
- − 입찰자는 낙찰가의 총액이 100,000원을 초과할 경우 구매를 포기한다.
- 예상 응찰 현황

입찰자	A 입찰가	B 입찰가	합계
甲	20,000원	50,000원	70,000원
乙	30,000원	40,000원	70,000원
丙	40,000원	70,000원	110,000원
丁	50,000원	30,000원	80,000원
戊	90,000원	10,000원	100,000원
己	40,000원	80,000원	120,000원
庚	10,000원	20,000원	30,000원
辛	30,000원	10,000원	40,000원

① 두 상품을 묶어서 경매한다면 낙찰자는 己이다.
② 경매 방식에 상관없이 지헌이의 예상 수입은 동일하다.
③ 두 상품을 따로 경매한다면 얻는 수입은 120,000원이다.
④ 두 상품을 따로 경매한다면 A의 낙찰자는 丁이다.

✔해설 ③ 두 상품을 따로 경매한다면 A는 戊에게 50,000원에, B는 己에게 70,000원에 낙찰된다. 이에 따라 얻는 수입은 120,000원이다.
① 己가 낙찰 받는 금액은 110,000원으로 5% 할인을 해주어도 그 금액이 100,000원이 넘는다. 입찰자는 낙찰가의 총액이 100,000원을 초과할 경우 구매를 포기한다는 조건에 의해 己는 구매를 포기하게 되므로 낙찰자는 丙이 된다.
② 지헌이가 얻을 수 있는 예상 수입은 두 상품을 따로 경매할 경우 120,000원, 두 상품을 묶어서 경매할 경우 95,000원으로 동일하지 않다.
④ 두 상품을 따로 경매한다면 A의 낙찰자는 戊이다.

19 다음은 A기관의 부서별 월간 민원 처리 건수를 작은 수부터 순서대로 나열한 것이다. 이 자료의 중간값으로 옳은 것은?

> 10, 15, 18, 20, 22, 24, 27, 30, 34

① 22
② 23
③ 25
④ 27

✔해설 ① 자료의 개수는 9개이므로, 중간값은 가운데에 위치한 5번째 값이다.

20 아래 식의 계산 결과로 옳은 것은?

> $(48m + 36m) \div 4 \times 3 - 12m$

① 45m
② 51m
③ 57m
④ 63m

✔해설 ② 괄호 안→곱셈 · 나눗셈→덧셈 · 뺄셈 순으로 계산한다.

21 다이어트 중인 수진이는 품목별 가격과 칼로리, 오늘의 행사 제품 여부에 따라 물건을 구입하려고 한다. 예산이 10,000원이라고 할 때, 칼로리의 합이 가장 높은 조합은?

〈품목별 가격과 칼로리〉

품목	피자	돈가스	도넛	콜라	아이스크림
가격(원/개)	2,500	4,000	1,000	500	2,000
칼로리(kcal/개)	600	650	250	150	350

〈오늘의 행사〉

행사 1 : 피자 두 개 한 묶음을 사면 콜라 한 캔이 덤으로!

행사 2 : 돈가스 두 개 한 묶음을 사면 돈가스 하나가 덤으로!

행사 3 : 아이스크림 두 개 한 묶음을 사면 아이스크림 하나가 덤으로!

단, 행사는 품목당 한 묶음까지만 적용됩니다.

① 피자 2개, 아이스크림 2개, 도넛 1개

② 돈가스 2개, 피자 1개, 콜라 1개

③ 아이스크림 2개, 도넛 6개

④ 돈가스 2개, 도넛 2개

✔ **해설** ① 피자 2개, 아이스크림 2개, 도넛 1개를 살 경우, 행사 적용에 의해 피자 2개, 아이스크림 3개, 도넛 1개, 콜라 1개를 사는 효과가 있다. 따라서 총 칼로리는 (600 × 2) + (350 × 3) + 250 + 150 = 2,650kcal이다.

② 돈가스 2개(8,000원), 피자 1개(2,500원), 콜라 1개(500원)의 조합은 예산 10,000원을 초과한다.

③ 아이스크림 2개, 도넛 6개를 살 경우, 행사 적용에 의해 아이스크림 3개, 도넛 6개를 구입하는 효과가 있다. 따라서 총 칼로리는 (350 × 3) + (250 × 6) = 2,550kcal이다.

④ 돈가스 2개, 도넛 2개를 살 경우, 행사 적용에 의해 돈가스 3개, 도넛 2개를 구입하는 효과가 있다. 따라서 총 칼로리는 (650 × 3) + (250 × 2) = 2,450kcal이다.

22

> 3 6 10 15 21 28 (　)

① 31
② 33
③ 36
④ 37

✔해설 ③ 각 항은 바로 앞의 수에 3부터 시작하여 1씩 커지는 자연수가 더해지고 있다.

23

> 10 17 28 (　) 75

① 42
② 44
③ 46
④ 48

✔해설 ③ 각 항은 앞의 두 수를 더한 뒤 1을 더한 값이다.

24

> 15 45 42 126 (　) 369

① 120
② 123
③ 129
④ 135

✔해설 ② 각 항은 바로 앞의 수에 ×3과 +3을 번갈아 계산한 값이다.

ANSWER 21.① 22.③ 23.③ 24.②

25 다음은 어느 카페의 메뉴판이다. 오늘의 커피와 단호박 샌드위치를 먹으려할 때, 세트로 구매하는 것은 단품으로 시키는 것보다 얼마가 더 저렴한가?

〈메뉴〉

음료		샌드위치	
오늘의 커피	3,000원	하우스 샌드위치	5,000원
아메리카노	3,500원	단호박 샌드위치	5,500원
카페라떼	4,000원	치즈듬뿍 샌드위치	5,500원
생과일주스	4,000원	베이컨토마토 샌드위치	6,000원

수프	
콘수프	4,500원
감자수프	5,000원
브로콜리수프	5,000원

세트 7,000원

오늘의 커피 + 하우스 샌드위치 or 콘수프 중 택1

※ 커피종류는 변경할 수 없음

※ 샌드위치 또는 수프 변경 시 가격의 차액만큼 추가

① 500원

② 1,000원

③ 1,500원

④ 2,000원

 ⊙ 단품으로 구매 시 : 오늘의 커피(3,000) + 단호박 샌드위치(5,500) = 8,500원

⊙ 세트로 구매 시 : 7,000 + 샌드위치 차액(500) = 7,500원

∴ 세트로 구매하는 것이 단품으로 구매하는 것보다 1,000원 더 저렴하다.

26 다음은 A 자동차 회사의 광고모델 후보 4명에 대한 자료이다. 〈조건〉을 적용하여 광고모델을 선정할 때, 총 광고효과가 가장 큰 모델은?

〈표〉 광고모델별 1년 계약금 및 광고 1회당 광고효과

(단위 : 만 원)

광고모델	1년 계약금	1회당 광고효과	
		수익 증대 효과	브랜드 가치 증대 효과
A	1,000	100	100
B	600	60	100
C	700	60	110
D	1,200	110	110

〈조건〉

㉠ 광고효과는 수익 증대 효과와 브랜드 가치 증대 효과로만 구성된다.

• 총 광고효과 = 1회당 광고효과 × 1년 광고횟수

• 1회당 광고효과 = 1회당 수익 증대 효과 + 1회당 브랜드 가치 증대 효과

㉡ 1회당 광고비는 20만 원으로 고정되어 있다.

• 1년 광고횟수 = $\dfrac{1년\ 광고비}{1회당\ 광고비}$

㉢ 1년 광고비는 3,000만 원(고정값)에서 1년 계약금을 뺀 금액이다.

• 1년 광고비 = 3,000만 원 − 1년 계약금

※ 광고는 tv를 통해서만 1년 내에 모두 방송됨

① A   ② B

③ C   ④ D

✔해설 총 광고효과 = 1회당 광고효과 × 1년 광고횟수

$$= (1회당\ 수익\ 증대\ 효과 + 1회당\ 브랜드가치\ 증대\ 효과) \times \frac{3,000만\ 원 - 1년\ 계약금}{1회당\ 광고비}$$

$$A : (100+100) \times \frac{3,000-1,000}{20} = 20,000만\ 원$$

$$B : (60+100) \times \frac{3,000-600}{20} = 19,200만\ 원$$

$$C : (60+110) \times \frac{3,000-700}{20} = 19,550만\ 원$$

$$D : (110+110) \times \frac{3,000-1,200}{20} = 19,800만\ 원$$

〈표〉 외국인 토지 소유 현황

지역명	면적(천 m^2)	비율(%)
서울	2,729	1.2
부산	5,738	2.6
대구	1,792	0.8
인천	4,842	2.2
광주	3,425	1.5
대전	837	0.4
울산	5,681	2.5
세종	867	0.4
경기	37,615	(㉠)
강원	18,993	8.5
충북	12,439	5.5
충남	22,313	9.9
전북	7,462	3.3
전남	37,992	16.9
경북	35,081	15.6
경남	17,058	(㉡)
제주	9,851	4.4
계	224,715	100.0

27 이 자료에 대한 설명으로 옳지 않은 것은?

① 울산의 외국인 소유면적은 대구보다 3배 이상이다.

② 외국인 국내 토지 소유면적이 가장 큰 지역은 전남이다.

③ 부산의 외국인 국내 토지 소유면적은 대구와 광주의 면적을 합친 것보다 작다.

④ ㉠에 알맞은 수치는 16.7이다.

✔해설 ③ 1,792 + 3,425 = 5,217 < 5,738

28 위의 표에서 ㉡에 알맞은 수치는? (단, 소수점 둘째자리에서 반올림한다.)

① 7.6

② 8.0

③ 8.4

④ 8.8

✔해설 ① (17,058/224,715) × 100 = 7.59

ANSWER 27.③ 28.①

29 형과 동생은 함께 집안 정리를 하려고 한다. 형 혼자 정리를 하면 30분, 동생 혼자 정리를 하면 20분이 걸린다. 처음 10분 동안은 두 형제가 함께 정리를 하고 남은 일은 형 혼자 정리를 하게 된다면 집안 정리를 끝마치는 데 걸리는 총 시간은 얼마인가?

① 13분   ② 15분

③ 18분   ④ 20분

 ② 형과 동생의 분당 정리량은 각각 1/30과 1/20이다. 따라서 두 형제가 함께 정리할 때의 분당 정리량은 1/30 + 1/20 = 1/12이 된다. 그러므로 10분 동안 함께 일을 하면 총 정리량은 $10 \times 1/12 = 5/6$가 된다. 나머지 1/6 을 형이 정리해야 하므로 형의 분당 정리량인 1/30에 필요한 시간 x를 곱하여 1/6이 되어야 한다. 따라서 $1/30 \times x = 1/6$이 된다. 그러므로 형이 혼자 정리하는 데 필요한 시간은 5분이 된다. 따라서 총 소요 시간은 10분 + 5분 = 15분이 된다.

30 다음은 A사의 금년도 추진 과제의 전공별 연구책임자 현황에 대한 자료이다. 다음 설명 중 옳지 않은 것을 고르면?

전공＼연구책임자	남자		여자	
	연구책임자 수	비율	연구책임자 수	비율
이학	2,833명	14.8%	701명	30.0%
공학	11,680명	61.0%	463명	19.8%
농학	1,300명	6.8%	153명	6.5%
의학	1,148명	6.0%	400명	17.1%
인문사회	1,869명	9.8%	544명	23.3%
기타	304명	1.6%	78명	3.3%
계	19,134명	100.0%	2,339명	100.0%

① 전체 연구책임자 중 공학전공의 연구책임자가 차지하는 비율이 50%를 넘는다.

② 전체 연구책임자 중 의학전공의 여자 연구책임자가 차지하는 비율은 1.9%이다.

③ 전체 연구책임자 중 인문사회전공의 연구책임자가 차지하는 비율은 12%를 넘는다.

④ 전체 연구책임자 중 농학전공의 남자 연구책임자가 차지하는 비율은 6%를 넘는다.

③ $\dfrac{1,869 + 544}{19,134 + 2,339} \times 100 ≒ 11.23$이므로 12%를 넘지 않는다.

▮ 29~30 ▮ 다음에 제시된 항공사별 운항현황을 보고 물음에 답하시오.

항공사	구분	2022년	2023년	2024년	2025년
A항공사	운항 편(대)	8,486	8,642	8,148	8,756
	여객(명)	1,101,596	1,168,460	964,830	1,078,490
	운항거리(km)	5,928,362	6,038,761	5,761,479	6,423,765
B항공사	운항 편(대)	11,534	12,074	11,082	11,104
	여객(명)	1,891,652	2,062,426	1,715,962	1,574,966
	운항거리(km)	9,112,071	9,794,531	8,972,439	8,905,408

31 A항공사의 경우 항공기 1대 당 수송 여객의 수가 가장 많았던 해는 언제인가?

① 2022년   ② 2023년

③ 2024년   ④ 2025년

✔해설 ② 2023년 : 1,168,460 ÷ 8,642 = 약 135명
① 2022년 : 1,101,596 ÷ 8,486 = 약 129명
③ 2024년 : 964,830 ÷ 8,148 = 약 118명
④ 2025년 : 1,078,490 ÷ 8,756 = 약 123명

32 항공기 1대당 운항 거리가 2025년과 동일하다고 했을 때, B항공사가 2026년 한 해 동안 9,451,570km의 거리를 운항하기 위해서 증편해야 할 항공기 수는 몇 대인가?

① 495   ② 573

③ 681   ④ 709

✔해설 ③ B항공사의 2025년 항공기 1대당 운항 거리는 8,905,408 ÷ 11,104 = 802로, 2025년 한 해 동안 9,451,570km의 거리를 운항하기 위해서는 9,451,570 ÷ 802 = 11,785대의 항공기가 필요하다. 따라서 B항공사는 11,785 − 11,104 = 681대의 항공기를 증편해야 한다.

ANSWER 29.②   30.③   31.②   32.③

정보능력

[정보능력] 출제유형

① 컴퓨터활용능력: 정보검색 연산자, 소프트웨어 등의 기본적인 활용 방법을 이해하고 있는지에 대한 문제이다. 엑셀 함수식 문제 등이 출제된다.
② 정보처리능력 : 정보를 분석하고 가공하여 활용하는 일련의 과정에 대한 문제이다.

[정보능력] 출제경향

업무와 관련된 정보를 수집하고 분석하여 의미 있는 정보를 찾아내 활용하는 능력이다. 이러한 과정을 컴퓨터를 활용해 수행할 수 있는지 파악하는 문제들로 구성된다. 검색 연산자 활용, 엑셀 함수식 이해, 데이터나 자료를 제시하고 이를 활용하여 문제를 해결하는 유형 등이 주로 출제된다. 최근에는 기본적인 컴퓨터 일반 지식과 프로그램 사용 능력을 요구하는 문제가 중점적으로 출제되었다. 윈도우 단축키 및 각종 프로그램의 활용법 등을 확실히 숙지하는 것이 좋다.

[정보능력] 빈출유형

정보처리이론										
정보활용										
소프트웨어 사용										

예제 01 컴퓨터활용능력

다음 중 [D2] 셀에서 사용하고 있는 함수식으로 옳은 것은? (금액 = 수량 × 단가)

	A	B	C	D
1	지역	상품 코드	수량	금액
2	甲	AA-10	15	45,000
3	乙	BB-20	25	125,000
4	丙	AA-10	30	90,000
5	丁	CC-30	35	245,000
6				
7		상품 코드	단가	
8		AA-10	3,000	
9		BB-20	7,000	
10		CC-30	5,000	

① =C2*VLOOKUP(B2,$B$8:$C$10, 1, 1)

② =B2*HLOOKUP(C2,$B$8:$C$10, 2, 0)

③ =C2*VLOOKUP(B2,$B$8:$C$10, 2, 0)

④ =C2*HLOOKUP($B$8:$C$10, 2, B2)

예제 02 정보활용능력

다음 중 '자료', '정보', '지식'의 관계에 대한 설명으로 옳지 않은 것은?

① 객관적 실제의 반영이며, 그것을 전달할 수 있도록 기호화한 것을 자료라고 한다.

② 특정 상황에서 그 가치가 평가된 데이터를 정보와 지식이라고 말한다.

③ 자료를 가공하여 이용 가능한 만드는 과정을 자료처리(data processing)라고도 하며 일반적으로 컴퓨터가 담당한다.

④ 업무 활동을 통해 알게 된 세부 데이터를 컴퓨터로 일목요연하게 정리해 둔 것은 지식이다.

출제의도

수식을 함수 형태로 작성할 수 있는지를 평가하고, 셀 참조를 활용해 계산식을 정확히 구성할 수 있는 컴퓨터활용 능력을 측정하는 문항이다.

해설

상품코드별 단가가 수직(열)형태로 되어 있으므로, 그 단가를 가져오기 위해서는 VLOOKUP함수를 이용해야 되며, 상품코드별 단가에 수량(C2)를 곱한다.
$B$8:$C$10에서 단가는 2열이고 반드시 같은 상품코드 (B2)를 가져와야 되므로, 0(False)을 사용하여 VLOOKUP(B2,$B$8:$C$10, 2, 0)처럼 수식을 작성해야 한다.

답 ③

출제의도

자료 · 정보 · 지식의 개념적 차이와 상호 관계를 정확히 이해하고, 이를 구체적인 상황에서 구분해 낼 수 있는 능력을 측정하는 문항이다.

해설

'지식'이란 '어떤 특정의 목적을 달성하기 위해 과학적 또는 이론적으로 추상화되거나 정립되어 있는 일반화된 정보'를 뜻하는 것으로, 어떤 대상에 대하여 원리적 · 통일적으로 조직되어 객관적 타당성을 요구할 수 있는 판단의 체계를 제시한다. ④는 가치가 포함되어 있지 않은 단순한 데이터베이스라고 볼 수 있다.

답 ④

1 다음에 제시된 네트워크 관련 명령어들 중, 그 의미가 올바르게 설명되어 있지 않은 것은 어느 것인가?

명령어	내용
㉠ netstat	활성 TCP 연결 상태, 컴퓨터 수신 포트, 이더넷 통계 등을 표시한다.
㉡ nslookup	DNS가 가지고 있는 특정 도메인의 IP Address를 검색해 준다.
㉢ finger	원격 컴퓨터의 사용자 정보를 알아보기 위해 사용되는 서비스이다.
㉣ ping	인터넷 서버까지의 경로 추적으로 IP 주소, 목적지까지 거치는 경로의 수 등을 파악할 수 있도록 한다.

① ㉠

② ㉡

③ ㉢

④ ㉣

✔해설 ④ 'ping'은 원격 컴퓨터가 현재 네트워크에 연결되어 정상적으로 작동하고 있는지 확인할 수 있는 명령어이다. 해당 컴퓨터의 이름, IP 주소, 전송 신호의 손실률, 전송 신호의 응답 시간 등이 표시된다. ㉣에 제시된 명은 'tracert'에 대한 설명으로, tracert는 특정 사이트가 열리지 않을 때 해당 서버가 문제인지 인터넷 망이 문제인지 확인할 수 있는 기능, 인터넷 속도가 느릴 때 어느 구간에서 정체를 일으키는지 확인할 수 있는 기능 등을 제공한다.

2 제시된 설명에 공통으로 해당되는 용어로 알맞은 것은 다음 중 어느 것인가?

> • 인터넷 상에 존재하는 각종 자원들의 위치를 같은 형식으로 나타내기 위한 표준 주소 체계이다.
> • 인터넷에 존재하는 정보나 서비스에 대해 접근 방법, 존재 위치, 자료 파일명 등의 요소를 표시한다.
> • 형식은 '프로토콜://서버 주소[:포트 번호]/파일 경로/파일명'으로 표시된다.

① Domain name   ② DNS

③ IP Address   ④ URL

✔해설 ④ URL에 대한 설명이다. 방대한 컴퓨터 네트워크에서 자신이 원하는 정보 자원을 찾기 위해서는 해당 정보 자원의 위치와 종류를 정확히 파악할 필요가 있는데, 이를 나타내는 일련의 규칙을 URL(Uniform Resource Locator : 자원 위치 지정자)이라고 한다. URL에는 컴퓨터 네트워크 상에 퍼져있는 특정 정보 자원의 종류와 위치가 기록되어 있다.

3 다음 중 아래와 같은 자료에서 '기록(초)' 필드를 이용하여 최길동의 순위를 계산하고자 할 때 C3에 들어갈 함수식으로 올바른 것은 어느 것인가?

	A	B	C
1	이름	기록(초)	순위
2	김길동	53	3
3	최길동	59	4
4	박길동	51	1
5	이길동	52	2
6			

① =RANK(B3,$B$2:$B$5,1)

② =RANK(B3,$B$2:$B$5,0)

③ =RANK(B3,$B$2:B5,1)

④ =RANK(B3,B2:$B$5,0)

✔ **해설** ① RANK 함수는 지정 범위에서 인수의 순위를 구할 때 사용하는 함수이다. 수식의 맨 뒤에 0이 오거나 생략할 경우 내림차순, 0 이외의 값은 오름차순으로 표시하게 된다. 결과값에 해당하는 필드의 범위를 지정할 때에는 셀 번호에 '$'를 앞뒤로 붙인다.

BL－19－JAP－1C－2401	HA－07－PHI－3A－2102	BB－37－KOR－3B－2402
HA－32－KOR－2B－2309	CO－17－JAP－2A－2201	BB－37－PHI－1B－2402
MP－14－PHI－1A－2308	TA－18－CHA－2A－2311	CO－17－JAP－2A－2209
TA－18－CHA－2C－2403	BL－19－KOR－2B－2307	EA－22－CHA－3A－2112
MP－14－KOR－2B－2401	EA－22－CHA－3A－2109	EA－22－CHA－3A－2103
EA－22－CHA－2C－2102	TA－18－KOR－2B－2305	BL－19－JAP－1C－2405
EA－22－CHA－2B－2108	MP－14－KOR－2B－2305	CO－17－JAP－2A－2310
BB－37－CHA－1A－2308	BB－37－CHA－2A－2402	BB－37－KOR－2B－2402
BL－19－KOR－2B－2312	CO－17－JAP－2A－2211	TA－18－KOR－2B－2307
CO－17－JAP－2A－2312	EA－22－CHA－3A－2110	BB－37－PHI－1A－2308
TA－18－PHI－3B－2307	HA－07－KOR－2B－2302	TA－18－PHI－2B－2305
EA－22－CHA－3A－2104	TA－18－PHI－3B－2511	CO－17－JAP－2A－2501

〈코드 부여 방식〉

[기기 종류]－[모델 번호]－[생산 국가]－[공장과 라인]－[제조연월]

〈예시〉

NO－10－KOR－3A－2501

2025년 1월에 한국 3공장 A라인에서 생산된 노트북 10번 모델

기기 종류 코드	기기 종류	생산 국가 코드	생산 국가
NO	노트북	CHA	중국
CO	데스크톱pc	KOR	한국
TA	태블릿pc	JAP	일본
HA	외장하드	PHI	필리핀
MP	MP3		
BL	블루투스		
BB	블랙박스		
EA	이어폰		
BA	보조배터리		

4 위의 코드 부여 방식을 참고할 때 옳지 않은 것은?

① 창고에 있는 기기 중 데스크톱pc는 모두 일본 2공장 A라인에서 생산된 것들이다.

② 창고에 있는 기기 중 한국에서 생산된 것은 모두 2공장 B라인에서 생산된 것들이다.

③ 창고에 있는 기기 중 이어폰은 모두 2021년에 생산된 것들이다.

④ 창고에 있는 기기 중 외장하드는 있지만 보조배터리는 없다.

> **✔ 해설** ② 재고목록에 BB-37-KOR-3B-2402가 있는 것으로 보아 한국에서 생산된 것들 중에 3공장 B라인에서 생산된 것도 있다.

5 O회사에 다니는 K 대리는 전자기기 코드 목록을 파일로 불러와 검색을 하고자 한다. 다음의 결과로 옳은 것은?

① K 대리는 창고에 있는 기기 중 일본에서 생산된 것이 몇 개인지 알기 위해 'JAP'를 검색한 결과 7개임을 알았다.

② K 대리는 '07'이 들어가는 코드를 알고 싶어서 검색한 결과 '07'이 들어가는 코드가 5개임을 알았다.

③ K 대리는 창고에 있는 데스크톱pc가 몇 개인지 알기 위해 'CO'를 검색한 결과 7개임을 알았다.

④ K 대리는 '24' 검색을 통해 창고에 있는 기기 중 2024년에 생산된 제품이 9개임을 알았다.

> **✔ 해설** ① 일본에서 생산된 제품은 8개이다.
> ③ 창고에 있는 데스크톱pc는 6개이다.
> ④ 2024년에 생산된 제품은 8개이다.

┃6~10┃ 다음은 어느 화장품회사의 LOT번호 규정이다. 표를 보고 물음에 답하시오.

〈LOT번호 규칙〉

LOT 제조연월일 – 화장품라인 – 제품종류 – 완성품 수량

제조연월일	화장품라인		제품종류			완성품수량
• 2024년 12월 1일 제조 →241201 • 2025년 2월 5일 제조 →250205	**제품코드**	**코드명**	**분류코드**	**용량번호**		00001부터 시작하여 완성품수량만큼 5자리의 번호가 매겨짐
		A 베이비	01 스킨	001	100mL	
		B 발효		002	300mL	
		C 모이스춰		003	500mL	
	1 계열사 I	D 안티에이징	02 에센스	004	50mL	
		E 바디		005	100mL	
		F 옴므		006	200mL	
		G 베이비	03 로션	007	100mL	
		H 발효		008	300mL	
	2 계열사 M	I 모이스춰		009	500mL	
		J 안티에이징	04 크림	010	30mL	
		K 바디		011	50mL	
		L 옴므		012	100mL	
		M 베이비	05 엠플	013	3mL	
		N 발효		014	5mL	
	3 계열사 R	O 모이스춰		015	10mL	
		P 안티에이징	06 클렌징	016	50g	
		Q 바디		017	100g	
		R 옴므		018	150g	

〈예시〉

2024년 12월 3일에 제조된 계열사 R의 안티에이징 크림 100mL제품 51,200개의 LOT번호

LOT 241203-3P-04012-51200

---

6 **2025년 1월 21일에 제조된 계열사 M의 바디 클렌징 150g제품 29,000개의 LOT번호로 알맞은 것은?**

① LOT 2501213K0401729000   ② LOT 2501213K0601729000

③ LOT 2510212K0601829000   ④ LOT 2501212K0601829000

✔ **해설** ④ 2025년 1월 21일 제조 : 250121, 계열사 M의 바디 라인 : 2K, 클렌징 150g : 06018
∴ LOT 2501212K0601829000

7 2024년 9월 1일에 제조된 계열사 I의 옴므 스킨 300mL제품 83,214개의 LOT번호로 알맞은 것은?

① LOT 2401091F0200283214

② LOT 2409011F0100283214

③ LOT 2409012L0100283214

④ LOT 2409012R0100283214

> ✔해설 ② 2024년 9월 1일에 제조 : 240901, 계열사 I의 옴므 라인 : 1F, 스킨 300mL : 01002
> ∴ LOT 2409011F0100283214

8 LOT 2308022J05013975541에 대한 설명으로 옳지 않은 것은?

① 2023년 8월 2일에 제조되었다.

② 계열사 M의 안티에이징 라인이다.

③ 5mL의 엠플 제품이다.

④ 9만 개 이상 제조되었다.

> ✔해설 ③ 05013 : 3mL의 엠플 제품이다.

9 LOT 2411033M0300908790에 대한 설명으로 옳은 것은?

① 베이비 스킨 제품이다.

② 계열사 M의 제품이다.

③ 1만 개 이상 제조되었다.

④ 용량은 500mL이다.

> ✔해설 ④ 2024년 11월 3일에 제조된 계열사 R의 베이비 500mL 로션 제품이며, 8,790개 제조되었다.

10 기계결함으로 LOT번호가 잘못 찍혔다. 올바르게 수정된 것은?

2024년 7월 30일에 제조된 계열사 I의 발효 에센스 100mL제품 76,210개 LOT 2407301I0200576210

① 제조연월일 : 240730 → 240703

② 화장품라인 : 1I → 1B

③ 제품종류 : 02005 → 02004

④ 완성품수량 : 76210 → 07621

> ✔해설 ② 2024년 7월 30일 제조 : 240730, 계열사 I의 발효 라인 : 1B, 에센스 100mL : 02005, 76,210개 제조 : 76210
> ∴ LOT 2407301B0200576210

11 다음 매크로 실행 및 보안에 대한 설명 중 올바르지 않은 것은 어느 것인가?

① Alt+F1 키를 누르면 Visual Basic Editor가 실행되며, 매크로를 수정할 수 있다.

② Alt+F8 키를 누르면 매크로 대화 상자가 표시되어 매크로 목록에서 매크로를 선택하여 실행할 수 있다.

③ 매크로 보안 설정 사항으로는 모든 매크로 제외(알림 표시 없음), 모든 매크로 제외(알림 표시), 디지털 서명된 매크로만 포함, 모든 매크로 포함(알림 표시) 등이 있다.

④ 개발 도구－코드 그룹의 매크로를 클릭하거나 매크로를 기록할 때 지정한 바로가기 키를 눌러 매크로를 실행할 수 있다.

> ✔ **해설** ① Visual Basic Editor 실행 단축키는 Alt+F11이다. Alt+F1은 차트를 삽입하는 기능을 갖는다.

12 다음 스프레드시트 서식 코드 사용 설명 중 올바르지 않은 것은 어느 것인가?

입력 데이터	지정 서식	결과 데이터
㉠ 13-03-12	dd-mmm	12-Mar
㉡ 13-03-12	mmm-yy	Mar-13
㉢ 02:45	hh:mm:ss AM/PM	02:45:00 AM
㉣ 신재생	+@에너지	신재생에너지
02:45	h:mm:ss	3:45:00

① ㉠

② ㉡

③ ㉢

④ ㉣

> ✔ **해설** ④ 표시 위치를 지정하여 특정 문자열을 연결하여 함께 표시할 경우에는 @를 사용한다. 따라서 '신재생'을 입력하여 '신재생에너지'라는 결과값을 얻으려면 '@에너지'가 올바른 서식이다.

13 다음 중 컴퓨터에서 사용되는 자료의 물리적 단위가 큰 것부터 순서대로 올바르게 나열된 것은?

① Word – Byte – Nibble – Bit
② Byte – Word – Nibble – Bit
③ Word – Byte – Bit – Nibble
④ Word – Nibble – Byte – Bit

✔ 해설 ① 데이터의 구성단위는 큰 단위부터 Database → File → Record → Field → Word → Byte(8Bit) → Nibble(4Bit) → Bit의 순이다. Bit는 자료를 나타내는 최소의 단위이며, Byte는 문자 표현의 최소 단위로 1Byte = 8Bit이다.

14 다음 중 워크시트 셀에 데이터를 자동으로 입력하는 방법에 대한 설명으로 옳지 않은 것은?

① 셀에 입력하는 문자 중 처음 몇 자가 해당 열의 기존 내용과 일치하면 나머지 글자가 자동으로 입력된다.
② 실수인 경우 채우기 핸들을 이용한 [연속 데이터 채우기]의 결과는 소수점 이하 첫째 자리의 숫자가 1씩 증가한다.
③ 채우기 핸들을 이용하면 숫자, 숫자/텍스트 조합, 날짜 또는 시간 등 여러 형식의 데이터 계열을 빠르게 입력할 수 있다.
④ 사용자 지정 연속 데이터 채우기를 사용하면 이름이나 판매 지역 목록과 같은 특정 데이터의 연속 항목을 더 쉽게 입력할 수 있다.

✔ 해설 ② 실수인 경우, 채우기 핸들을 이용한 [연속 데이터 채우기]의 결과 일의 자리 숫자가 1씩 증가한다.

ANSWER 11.① 12.④ 13.① 14.②

15 다음은 무엇에 대한 설명인가?

> 아직 특정의 목적에 대하여 평가되지 않은 상태의 숫자나 문자들의 단순한 나열

① 자료　　　　　　　　　　　　　② 정보
③ 뉴스　　　　　　　　　　　　　④ 지식

> ✔ 해설　㉠ **자료** : 정보 작성을 위해 필요한 데이터로 아직 특정의 목적에 대하여 평가되지 않은 상태의 숫자나 문자들의 단
> 순한 나열
> ㉡ **정보** : 자료를 일정한 프로그램에 따라 컴퓨터가 처리·가공한 것으로 특정한 목적을 위해 다시 생산된 것
> ㉢ **지식** : 어떤 특정의 목적을 달성하기 위해 과학적 또는 이론적으로 추상화되거나 정립되어 있는 일반화된 정보

16 다음 워크시트에서 매출액[B3:B9]을 이용하여 매출 구간별 빈도수를 [F3:F6] 영역에 계산하고자 한다. 다음 중 이를 위한 배열수식으로 옳은 것은?

	A	B	C	D	E	F
1						
2		매출액		매출구간		빈도수
3		75		0	50	
4		93		51	100	
5		130		101	200	
6		32		201	300	
7		123				
8		257				
9		169				
10						

① =PERCENTILE(B3:B9,E3:E6)　　　　　② =PERCENTILE(E3:E6,B3:B9)
③ =FREQUENCY(B3:B9,E3:E6)　　　　　④ =FREQUENCY(E3:E6,B3:B9)

> ✔ 해설　③ FREQUENCY(배열1, 배열2)는 배열2의 범위에 대한 배열1 요소들의 빈도수를 계산한다.
> 따라서 수식은 = FREQUENCY(B3:B9, E3:E6)이다.
> *PERCENTILE(범위, 인수) : 범위에서 인수 번째 백분위수 값

17 정보의 전략적 기획을 위한 5W 2H에 포함되지 않는 사항은?

① WHAT

② WHO

③ HOW MANY

④ WHY

> ✔ 해설 5W 2H
> ㉠ WHAT(무엇을) : 정보의 입수대상
> ㉡ WHERE(어디에서) : 정보의 소스
> ㉢ WHEN(언제까지) : 정보의 요구시점
> ㉣ WHY(왜) : 정보의 필요목적
> ㉤ WHO(누가) : 정보활동의 주체
> ㉥ HOW(어떻게) : 정보의 수집방법
> ㉦ HOW MUCH(얼마나) : 정보의 비용성

18 다음 중 엑셀에서 날짜 데이터의 입력 방법을 설명한 것으로 옳지 않은 것은?

① 날짜 데이터는 하이픈(-)이나 슬래시(/)를 이용하여 년, 월, 일을 구분한다.

② 날짜의 연도를 생략하고 월과 일만 입력하면 자동으로 올해의 연도가 추가되어 입력된다.

③ 날짜의 연도를 두 자리로 입력할 때 연도가 30이상이면 1900년대로 인식하고, 29 이하면 2000년대로 인식한다.

④ 오늘의 날짜를 입력하고 싶으면 Ctrl + Shift + ;(세미콜론)키를 누르면 된다.

> ✔ 해설 ④ Ctrl+Shift+;(세미콜론)키를 누르면 지금 시간이 입력된다. 오늘의 날짜는 Ctrl + ;(세미콜론) 키를 눌러야 한다.

19 다음에서 설명하는 검색 옵션은 무엇인가?

> 와일드 카드 문자를 키워드로 입력한 단어에 붙여 사용하는 검색으로 어미나 어두를 확장시켜 검색한다.

① 필드 검색   ② 절단 검색
③ 구문 검색   ④ 자연어 검색

> **✔해설** ② 절단 검색은 지정한 검색어를 포함한 문자열을 가진 자료를 모두 검색하는 것으로, 단어의 어미변화 다양성을 간단하게 축약한다. 일반적으로 *나 %를 많이 사용하며, 특정한 문자열로 시작하는 정보를 찾는지, 특정한 문자열로 끝나는 정보를 찾는지에 따라 후방절단, 전방절단으로 분류한다.

20 검색엔진을 사용하여 인터넷에서 조선시대의 문장가 허균의 누나가 누구인지 알아보려고 한다. 키워드 검색방법을 사용할 때 가장 적절한 검색식은? (단, 사용하려는 검색엔진은 AND 연산자로 '&', OR 연산자로 '+', NOT 연산자로 '!'을 사용한다.)

① 문장가 & 허균   ② 허균 & 누나
③ 허균 + 누나   ④ 조선시대 ! 허균

> **✔해설** ② 허균의 누나가 누군지 알아보는 것이므로 허균과 누나가 동시에 들어있는 웹문서를 검색해야 한다.

21 정보 분석에 대한 설명으로 옳지 않은 것은?

① 여러 정보를 상호 관련지어 새로운 정보를 생성해내는 활동을 정보분석이라 한다.
② 정보를 분석함으로써 한 개의 정보로써 불분명한 사항을 다른 정보로써 명백히 할 수 있다.
③ 서로 동일하거나 차이가 없는 정보의 내용을 판단하여 새로운 해석을 할 수 있다.
④ 좋은 분석이란 하나의 메커니즘을 그려낼 수 있고, 동향, 미래를 예측할 수 있는 것이어야 한다.

> **✔해설** ③ 정보를 분석함으로써 서로 상반되거나 큰 차이가 있는 정보의 내용을 판단하여 새로운 해석을 할 수 있다.

22 워크시트에서 다음 〈보기〉의 표를 참고로 55,000원에 해당하는 할인율을 'C6'셀에 구하고자 할 때의 적절한 수식은?

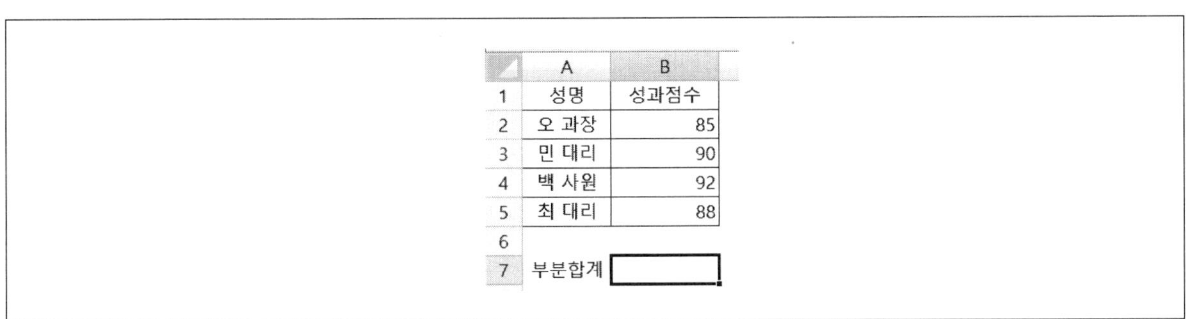

① =VLOOKUP(C5,C2:F2,C3:F3) ② =LOOKUP(C5,C2:F2,C3:F3)

③ =HLOOKUP(C5,C2:F2,C3:F3) ④ =LOOKUP(C6,C2:F2,C3:F3)

> **✔ 해설** ② LOOKUP 함수에 대한 설명이다. LOOKUP 함수는 찾을 값을 범위의 첫 행 또는 첫 열에서 찾은 후 범위의 마지막 행 또는 열의 같은 위치에 있는 값을 구하는 것으로, 수식은 '=LOOKUP(찾을 값, 범위, 결과 범위)'가 된다.

23 다음 자료를 참고할 때, B7 셀에 '=SUM(B2:CHOOSE(2,B3,B4,B5))'의 수식을 입력했을 때 표시되는 결과값으로 올바른 것은?

	A	B
1	성명	성과점수
2	오 과장	85
3	민 대리	90
4	백 사원	92
5	최 대리	88
6		
7	부분합계	

① 175 ② 355

③ 267 ④ 177

> **✔ 해설** ③ CHOOSE 함수는 'CHOOSE(인수,값1,값2,…)'과 같이 표시하며, 인수의 번호에 해당하는 값을 구하게 된다. 다시 말해, 인수가 1이면 값1을, 인수가 2이면 값2를 선택하게 된다. 따라서 두 번째 인수인 B4가 해당되어 B2:B4의 합계를 구하게 되므로 정답은 267이 된다.

ANSWER 19.② 20.② 21.③ 22.② 23.③

인성검사

01. 인성검사의 이해

02. 성향별 대응 전략

03. 인성검사의 예시

인성검사의 이해

① 인성검사의 목적

(1) 조직 적합성 평가

인성검사는 지원자의 성품을 알고자 하는 것이 아니다. 인사 담당자는 지원자의 어떠한 특성이 발달했는지를 알아보고, 해당 직무의 특성과 조직의 가치관에 얼마나 합치하는지를 평가한다. 직무 수행 능력과 더불어 조직과의 조화, 가치 공유 여부 등이 특히 중요하게 평가된다. 결국 인성검사는 지원자가 조직에 장기적으로 적합한 인재인지 판단하기 위한 목적을 갖는다.

(2) 조직 리스크 관리

인성검사는 문제 행동 가능성이나 스트레스 대처 방식 등을 파악하는 데에 활용된다. 책임감, 정직성, 협업 태도 등은 조직의 안정성과 직결되는 요소이기 때문에 내부 갈등, 윤리 문제, 조기 퇴사 등과 같은 잠재적인 리스크를 줄이기 위해서 시행된다.

(3) 면접과의 연계

인성검사 결과는 이후 면접에서도 긴밀하게 활용된다. 면접관은 인성검사에서 나타난 지원자의 특징과 응답 경향을 바탕으로 실제 행동이 일관되게 나타나는지를 확인한다. 즉, 인성검사는 면접 단계에서 지원자 답변의 진정성을 검증할 기초 자료를 확보하려는 목적을 내포한다.

(4) 공정하고 객관적인 평가 보완

면접은 주관적인 요소가 개인될 수 있다. 인성검사는 이를 보완하기 위한 객관적인 지표의 역할을 한다. 동일한 기준으로 다수의 지원자를 비교할 수 있기 때문에 선발 과정에서 공정성을 높이는 데에 기여를 할 수 있다. 또한 서류나 면접에서 볼 수 없었던 지원자의 성향을 추가적으로 확인이 가능하다.

(5) 인재 관리 및 배치 참고 자료 확보

채용 이후에 인성검사 결과를 통해서 인재를 배치하고 교육 방향을 설정하는 데에 활용이 가능하다. 팀 구성시 성향을 고려하여 배치하거나 개인별 강·약점을 파악하여 맞춤형 교육설계가 가능하다.

(1) 기업 인재상 분석

지원 기업의 인재상과 핵심 가치를 사전에 확인해야 한다. 인성검사는 기업 문화 적합도를 평가하는 도구이므로, 기업이 중시하는 성향과 자신의 특성을 비교하는 과정이 필요하다. 이를 통해 과도한 연출 없이도 방향성 있는 응답 기준을 설정할 수 있다.

(2) 직무 성향 파악

같은 기업이라도 직무에 따라 요구되는 성향은 다르다. 예를 들어 영업 직무는 대인관계 적극성과 목표지향성이, 연구 직무는 집중력과 안정성이 상대적으로 중요하다. 지원 직무의 특성을 이해하면 응답 기준을 보다 명확히 정립할 수 있다.

(3) 자기 성향 점검

시험 전 자신의 성향을 객관적으로 정리해보는 과정이 필요하다. 평소 갈등 상황에서의 대응 방식, 규칙 준수 태도, 스트레스 관리 방식 등을 점검하면 응답 일관성을 유지하는 데 도움이 된다. 자기 이해가 부족한 상태에서 시험에 응시할 경우 즉흥적 판단이 늘어날 가능성이 높다.

(4) 모의 문항 연습

유형을 미리 경험하면 시험 당일 긴장을 줄일 수 있다. 특히 반복 문항 구조와 역문항 패턴을 이해하는 연습이 필요하다. 다만 정답을 외우는 방식이 아니라, 자신의 기준을 점검하는 방식으로 연습해야 한다.

(5) 컨디션 관리

인성검사는 장시간 집중을 요구하므로 체력과 집중력 관리가 중요하다. 수면 부족이나 과도한 긴장은 응답 패턴을 흔들 수 있다. 시험 전 충분한 휴식과 안정된 심리 상태를 유지하는 것이 바람직하다.

> **TIP** 서울디자인재단의 인성검사
>
> 서울디자인재단 필기시험에서는 인성검사가 합·불 결정에 영향을 미치지 않고, 오직 면접전형 시 참고 자료로만 활용된다. 따라서 차후 면접과의 연계에 가장 중점을 두어 인성검사에 응답하는 것이 좋다.

(1) 성실성

규칙을 잘 지키고 일을 계획적으로 할 수 있는 태도를 말한다. 주요 문항으로는 "하기 싫더라도 주어진 일은 참고 한다", "인내심이 강하다는 말을 듣는다" 등이 있다. 인사 담당자는 성실성이 높은 지원자를 긍정적으로 평가한다. 인내심이 강하고 어려운 업무를 받아도 포기하지 않을 것이라고 생각하기 때문이다.

(2) 이타성

개인보다 공동체의 이익을 강조하는 성향으로, 협동을 중요시하는 조직에서 특히 선호하는 요소이다. "내 일을 끝내면 다른 사람을 돕는다", "봉사나 기부를 하면 뿌듯하다" 등의 문항이 이타성을 평가하는 데 사용된다. 이타성이 높으면 주로 긍정적인 평가를 받는다. 그러나 과할 경우 타인을 돕는 데 집중하다가 본인의 업무가 지연되거나 처리 효율이 떨어질 수 있다는 우려를 받는다.

(3) 허위성

응답 시 자기 특성을 과도하게 미화하여 표현하려는 성향으로, 입사를 위해 자신을 과장되게 좋은 사람으로 포장하는 경우가 이에 해당한다. 주로 '항상', '한 번도', '언제나' 등의 극단적인 표현이 들어가는 것이 특징이다. 지나치게 꾸며낸 답변은 이후 중복되거나 모순된 문항에 걸리기 쉬우므로 주의한다. 검사에서는 현재의 자신보다 조금 성장한 자신을 표현하는 정도가 적당하다.

> **TIP** 허위성을 판별하는 질문
> 실제 인성검사에서는 아래와 같은 문항을 통해 지원자가 현실적으로 불가능한 완벽함을 추구하지 않는지 판별한다. 과하게 이상적이거나 인간이라면 있을 수밖에 없는 감정과 실수를 부정하는 질문이 이에 해당한다.
> - 늘 기분이 좋다.
> - 화를 낸 적이 한 번도 없다.
> - 나는 어떤 실수도 반복하지 않는다.
> - 절대 충동적으로 행동하지 않는다.
> - 다른 사람을 부럽다고 생각해 본 적이 없다.

(4) 책임감

자신의 행동이 조직에 미치는 영향을 이해하고 주어진 일을 끝까지 해내는 성향을 의미한다. 주요 문항으로는 "맡은 일은 끝까지 해내려고 하는 편이다", "해야 할 일을 미루지 않으려고 노력한다" 등이 있다. 책임감은 일반적으로 성실성과 신뢰성을 보여주는 지표이므로 긍정적으로 평가된다, 그러나 지나치게 높을 경우 강박적으로 보이기도 한다.

(5) 자기주도성

적극적인 업무 태도와 향상성, 자기 개발 능력 등을 나타내는 정신적 활동력을 말한다. 주요 문항으로는 "하고 싶은 일을 좀처럼 실행할 수 없는 편이다", "새로운 것을 만나면 도전하고 싶다" 등이 있다. 자기주도성이 높은 것은 조직 내 성장 가능성과 책임감을 나타내는 긍정적인 요인이다. 그러나 과도하게 높으면 독단적이거나 의사소통에 문제가 있어 보일 수 있다.

(6) 정서안정성

잦은 감정 기복이나 불안 수준 등의 심리적 안정도를 측정한다. 주요 문항으로는 "실수할까 봐 어떤 일을 시작하는 것이 두렵다", "힘들다고 생각하면 쉽게 그만둔다" 등이 있다. 정서안정성이 높을 경우 감정의 폭이 일정하고 상황을 받아들이는 폭이 넓어 업무 적응력 면에서 긍정적인 요인으로 작용한다.

(7) 조직적응력

조직의 규칙과 문화를 이해하고 협동성을 바탕으로 원활한 사내 관계를 유지할 수 있는지를 측정한다. 주요 문항으로는 "팀의 목표를 위해 개인 의견을 조정할 수 있다", "새로운 환경에 빠르게 적응하는 편이다" 등이 있다. 점수가 높으면 조직 생활과 협업에 유리하게 작용한다.

(8) 준법성

업무를 공정하고 투명하게 처리하며 규칙과 절차를 성실히 따르는 성향으로, 공기업이나 공공기관에서 특히 중요시하는 성향이다. 주요 문항으로는 "규칙보다 개인의 편의를 우선시하는 것은 바람직하지 않다", "법에 어긋나더라도 관행이면 상사의 지시를 따른다" 등이 있다. 점수가 높을수록 신뢰감을 얻지만, 과할 경우 융통성이 부족하다는 인상을 줄 수 있다.

(9) 대인관계능력

타인과 원만하고 협조적인 관계를 형성할 수 있는지를 보여주는 지표이다. 주요 문항으로는 "새로운 사람들과 적응하는 시간이 짧다", "갈등이 생기면 대화를 통해 해결하는 것이 좋다" 등이 있다. 대인관계능력이 높으면 원만한 조직 생활이 가능하므로 긍정적인 평가를 받는다. 하지만 사교적으로 보이기 위해 지나치게 꾸며낸 답변은 오히려 진정성을 의심받을 수 있다.

(10) 문제해결능력

난관이나 갈등 상황에서 원인을 분석하고 현실적인 대안을 모색하여 문제를 해결하는 능력을 측정한다. 주요 문항으로는 "예상치 못한 문제에도 침착하게 대응할 수 있다", "일이 해결될 때까지 어려워도 버텨내는 편이다" 등이 있다. 이러한 능력은 도전적이고 책임감 있는 사람으로 평가받는 데 영향을 준다.

❹ 인성검사 불합격 요인

(1) 직무부적합

지원 직무를 수행하는 데 필요한 성향이나 역량이 부족하다고 판단되는 경우이다. 세밀함이 요구되는 업무에서 충동적인 성향이나 낮은 주의력이 나타나는 경우가 이에 해당한다. 검사 전 지원 직무에 어울리는 성향을 정확히 이해하는 것이 중요하다.

(2) 조직에 부적합한 성향

조직의 가치관이나 문화와 조화를 이루기 어렵다고 평가되는 경우이다. 협력보다 경쟁을 선호하거나, 규율을 중시하는 환경에서 자유로운 분위기를 선호하는 경우가 이에 해당한다. 지원하는 조직이 원하는 인재상을 미리 파악해 두는 것이 좋다.

(3) 일관적이지 않은 답변

동일하거나 유사한 문항에 상반된 답을 반복적으로 제시한 경우이다. 이는 자신의 성향을 정확히 인식하지 못했거나, 인위적으로 '좋은 인상'을 주려는 의도로 답변했을 가능성을 의미한다. 앞서 언급했듯 최대한 꾸밈없이 일관된 답변을 하는 것이 중요하다.

(4) 극단적 성향

성격 특성이 한쪽으로 지나치게 치우친 경우이다. 자신감이 지나쳐 독단적으로 보이거나, 소극적인 태도가 지나쳐 단호함이 부족해 보이는 경우가 이에 해당한다. 특정 성향이 과도하게 드러나도록 답변하는 것은 바람직하지 않다.

(5) 과도하게 이상적인 답변

과도하게 이상적인 인물로 답하면 문항 간 응답 일관성이 무너져 신뢰도 점수가 낮아질 수 있다. 모든 항목에 극단적으로 긍정 응답을 선택할 경우, 사회적 바람직성 왜곡으로 판단되어 감점 요인이 된다. 완벽한 사람이 아니라 예측 가능한 사람을 선호하기 때문에 과장된 응답은 오히려 탈락 위험을 높인다.

⑤ 인성검사 대응 전략

(1) 솔직하게 답변한다.

인성검사에는 정답 대신 조직에서 바라는 인재상 또는 기대하는 답변이 있을 뿐이다. 이를 염두에 두되, 자신을 과도하게 가공하여 표현하지 않도록 주의한다. 솔직함이 일관성과 진정성을 유지하는 가장 중요한 요소가 된다.

(2) 신속하게 답변한다.

인성검사의 문항 수는 대개 150 ~ 300문항 정도이다. 너무 곰곰이 생각하다가는 문항을 다 읽지 못한 채 시간이 끝나거나, 시간에 쫓겨 대충 답하게 될 수도 있다. 이 점에 유의하여 문항을 본 순간 떠오른 첫 생각을 신속히 마킹하는 것이 바람직하다.

(3) 일관성 있게 답변한다.

실제 인사 담당자 인터뷰에 따르면, 인성검사에서 일관성 없는 답변을 한 지원자가 감점되어 탈락한 사례가 많다. 과장되거나 거짓된 응답은 결국 문항 간 모순으로 드러난다. 따라서 상기한 대로 솔직하고 일관성 있게 대답하는 것이 좋다.

(4) 반복해서 연습한다.

인성검사는 세세한 부분은 달라도 전체 구조나 패턴이 유사하다. 긴 시간 집중력을 유지하고 체력을 분배하기 위해 사전에 다양한 모의고사를 치러보며 마킹까지 끝낼 수 있도록 반복해서 연습하는 것이 좋다. 반복 연습은 사고의 일관성과 반응 속도를 높이는 데 도움이 된다.

(5) 인재상에 맞는 방향성을 설정한다.

인성검사는 기업이 추구하는 인재상과의 적합도를 확인하는 과정인 만큼 해당 기업의 핵심가치, 기업 철학 등을 파악하고 그에 부합하는 성격을 설정하는 것이 도움이 된다. 실제로 일부 지원자는 모니터 옆에 지원하는 기업의 인재상을 붙여 두고, 해당 기준에 따라 일관된 태도를 유지하며 답변하는 전략을 사용한다. 다만 주지하다시피 현실적인 범위 내에서 진정성을 유지하는 것이 중요하다.

(6) 면접에 적용한다.

인성검사 결과는 면접에 사용된다. 만일 정직성이 의심된다면 면접에서 그 부분을 기반으로 한 질문을 받게 될 것이다. 인성검사에서 자신을 어떤 사람으로 표현했는지 잘 기억하며 면접에서도 같은 방향성을 유지하는 것이 좋다. 기업의 인재상과 자신의 인성검사 답변을 정리하여 면접 준비에 활용하도록 한다.

성향별 대응 전략

1 심리적 측면

(1) 민감성

① 특징 : 꼼꼼함, 섬세함 등의 요소를 통해 얼마나 정서적으로 안정되었는지를 측정한다. 적당한 민감성은 세심하고 감수성이 풍부하다는 장점으로 이어질 수 있다.

② 면접 시 유의점

    ㉠ 민감성이 높은 경우 : 인사 담당자는 동료와의 관계 유지나 스트레스 대응력 등을 우려할 수 있다. 따라서 타인의 감정에 잘 공감하고 배려하는 소통 능력을 강조하는 것이 좋다.

    ㉡ 민감성이 낮은 경우 : 주변의 변화나 타인의 감정에 둔감하다는 인상을 줄 수 있다. 상대의 의견을 충분히 경청하고 상황 변화에 유연하게 대응해 온 경험을 드러내는 것이 좋다.

(2) 과민성

① 특징 : 예상치 못한 어려움이 발생했을 때 부정적인 감정을 얼마나 크게 받아들이는지를 측정한다. 문제에 예민하게 반응하거나 스스로를 비난하고 책망하는 경향 등이 포함된다.

② 면접 시 유의점

    ㉠ 과민성이 높은 경우 : 비관적인 성격으로 예상될 가능성이 있다. 문제 상황에서 침착하게 대처하고 스트레스를 균형 있게 조절할 수 있음을 어필하는 것이 좋다.

    ㉡ 과민성이 낮은 경우 : 감정에 흔들리지 않고 안정된 대인 관계를 유지할 수 있는 사람으로 평가받을 수 있다. 그러나 과도하게 낮다면 자기중심적으로 보일 수 있으므로 사교적이고 긍정적인 태도를 어필하는 것이 좋다.

(3) 불안성

① **특징** : 기분의 굴곡이 얼마나 큰지 측정하는 항목이다. 새로운 상황이나 예기치 못한 변화가 발생했을 때 정서적으로 얼마나 흔들리는지를 파악하고자 한다.

② **면접 시 유의점**

　㉠ 불안성이 **높은 경우** : 불안성이 높은 사람은 의지보다 감정에 따라 행동하기 쉽다. 그러므로 불안성 점수가 높은 지원자는 감정 조절 능력을 강조하고 차분한 태도로 면접에 임하는 것이 좋다.

　㉡ 불안성이 **낮은 경우** : 쉽게 일비일희하지 않아 안정적으로 성과를 낼 수 있는 지원자로 보일 수 있다. 그러므로 면접에서도 이러한 장점을 적절히 부각하여 신뢰감을 주는 것이 좋다.

(4) 독자성

① **특징** : 주변에 대한 견해나 관심보다는 자신의 관점과 느낌을 중요하게 생각하는 개인성의 정도를 측정한다. 주로 독자성이 낮을수록 상식적이며 일반적인 판단 기준에 따라 행동한다고 본다.

② **면접 시 유의점**

　㉠ 독자성이 **높은 경우** : 독창적이고 자율적인 사고를 강조할 수 있지만, 규범이나 절차를 중시하는 조직 환경에서는 적응에 어려움을 겪을 가능성이 있다. 해당 경우 협업 과정에서 타인의 의견을 수용하고 조직의 기준을 존중하는 태도를 보이는 것이 좋다.

　㉡ 독자성이 **낮은 경우** : 지나치게 수동적으로 보이지 않아야 한다. 필요한 상황에서는 스스로 판단하고 의견을 제시할 수 있음을 함께 어필하는 것이 좋다.

(5) 자신감

① **특징** : 자신의 능력과 가치를 얼마나 긍정적으로 인식하고 있는지 측정한다. 적정 수준의 자신감 표출은 도전 의지와 안정된 자기 효능감으로 이어질 수 있다.

② **면접 시 유의점**

　㉠ 자신감이 **높은 경우** : 자신감 점수가 너무 높으면 오만하게 보일 수 있다. 따라서 겸손한 태도와 함께 타인의 의견을 존중하며 협력한 경험을 제시해 균형 잡힌 인상을 주는 것이 좋다.

　㉡ 자신감이 **낮은 경우** : 소극적이거나 쉽게 좌절할 것으로 평가될 수 있다. 이때는 맡은 일을 책임감 있게 완수한 경험과 꾸준히 발전해 온 모습을 강조하는 것이 좋다.

(6) 고양성

① **특징** : 자유분방함, 명랑함 등과 같은 정서적 활성도를 측정한다. 기본적인 정서적 에너지 수준과 대인 상황에서의 자기표현 방식을 파악하고자 한다.

② **면접 시 유의점**

　　㉠ **고양성이 높은 경우** : 착실함과 집중력이 요구되는 직무에서 산만하다는 인상을 남길 수 있으므로 주의가 필요하다. 필요할 때는 착실하고 책임감 있게 업무를 수행할 수 있음을 어필하는 것이 좋다.

　　㉡ **고양성이 낮은 경우** : 안정적인 태도와 일관된 업무 수행력이 기대되나, 지나치게 낮은 경우에는 감정표현이 다소 부족해 보일 수 있다. 차분한 모습으로 소통 면에서의 신뢰감을 주면 좋다.

(7) 진위성

① **특징** : 자신을 필요 이상으로 좋게 포장하거나 기업체가 바라는 이상적인 대답을 하고 있지는 않은지 측정한다. 지원자의 진정성과 일관성을 파악하고자 한다.

② **면접 시 유의점**

　　㉠ **진위성이 높은 경우** : 정직하고 외부의 압력과 스트레스에도 흔들리지 않는 사람으로 평가받을 수 있다. 이러한 긍정적인 면을 일관되게 유지하여 면접에 임하는 것이 좋다.

　　㉡ **진위성이 낮은 경우** : 과장되거나 인위적인 답변을 했다는 인상을 줄 수 있다. 솔직하고 꾸며내지 않은 경험을 제시하여 진정성을 드러내고 신뢰를 회복하는 것이 중요하다.

② 행동적 측면

(1) 신중성

① **특징** : 의사결정이나 행동을 취하기 전에 얼마나 면밀히 사고하고 판단하는지를 측정하며, 계획적이고 체계적으로 접근하려 하는 성향을 포함한다.

② **면접 시 유의점**

ㄱ **신중성이 높은 경우** : 완벽주의 성향으로 인해 업무 효율성이 저하되거나 변화 대응력이 부족할 것이라는 인상을 줄 수 있다. 신중성뿐만 아니라 추진력 또한 갖추었음을 어필하는 것이 좋다.

ㄴ **신중성이 낮은 경우** : 빠른 실행력을 장점으로 제시하되, 충동적이고 경솔한 유형이라는 평가를 받지 않도록 중요한 결정 시에는 충분한 검토 과정을 거친다는 점을 함께 설명하는 것이 좋다.

(2) 지속성

① **특징** : 목표를 설정한 후 그것을 달성하기 위해 지속적으로 노력을 기울이는 정도를 측정한다. 난관이나 장애물에 직면했을 때도 쉽게 포기하지 않고 끝까지 과업을 완수하려는 태도가 이에 해당한다.

② **면접 시 유의점**

ㄱ **지속성이 높은 경우** : 인내심이 많지만 특정 업무에만 몰두하여 유연한 업무 처리가 어려울 것이라는 우려를 남긴다. 상황에 따라 우선순위를 조정하는 유연성을 어필하는 것이 좋다.

ㄴ **지속성이 낮은 경우** : 쉽게 포기하거나 끈기가 부족하다는 인상을 줄 수 있다. 그러므로 맡은 일을 끝까지 책임지고 마무리할 의지가 있다는 점을 분명하게 전달하는 것이 좋다.

(3) 침착성

① **특징** : 예상치 못한 상황이나 압박 속에서도 감정 동요 없이 차분하게 행동할 수 있는지를 측정한다. 위기 상황에서 냉정함을 유지하며 합리적인 판단을 내리는 능력과 관련이 있다.

② **면접 시 유의점**

ㄱ **침착성이 높은 경우** : 신중하게 계획을 세워 안정적으로 업무를 수행할 것이라고 평가된다. 차분하게 면접에 임하여 이러한 강점을 입증하되, 소극적이거나 열정이 부족해 보이지 않도록 주의한다.

ㄴ **침착성이 낮은 경우** : 충분한 검토 없이 즉각적으로 행동하는 유형으로 해석될 수 있다. 인사 담당자에게 경솔하다는 인상을 줄 수 있으므로 사려 깊고 신중한 태도를 충분히 드러내는 것이 좋다.

(4) 신체활동성

① **특징** : 신체적인 에너지를 활용하는 활동에 대한 선호와 의지 정도를 측정한다. 활동적 환경과 정적인 환경 중 어떤 상황에서 더 안정적으로 행동하는지를 파악한다.

② **면접 시 유의점**

  ㉠ 신체활동성이 높은 경우 : 적극적이고 추진력 있다는 인상을 줄 수 있다. 그러나 집중력과 신중함이 필요한 업무에서는 부정적인 요인으로 평가될 수도 있다. 활동을 통해 얻은 구체적인 성과를 강조하고, 상황에 따라 유연하게 대응하는 능력을 어필하는 것이 좋다.

  ㉡ 신체활동성이 낮은 경우 : 차분하고 안정적인 태도를 지닐 것으로 기대되지만, 자칫 에너지가 부족해 보일 수도 있다. 맡은 일에 적극적으로 성과를 내고자 하는 태도를 강조해 균형 잡힌 이미지를 전달하는 것이 좋다.

(5) 사회적 내향성

① **특징** : 대인 관계 시 나타나는 개방성과 사교성 등을 측정한다. 낯선 상황에서 타인과 상호작용하는 방식, 의사 표현의 적극성, 협업 시 보이는 관계 형성 패턴 등을 파악한다.

② **면접 시 유의점**

  ㉠ 사회적 내향성이 높은 경우 : 조용하고 신중한 태도를 보이는 경향이 있다. 과묵하게 보이지 않도록 배려와 경청을 기반으로 한 의사소통 방식을 자연스럽게 드러내어 협업에 문제없다는 인상을 주는 것이 좋다.

  ㉡ 사회적 내향성이 낮은 경우 : 자기주장이 강하거나 협조성이 부족하다는 평가를 받을 수 있다. 면접 상황에서 발언 비중을 조절하고 경청의 태도를 보이면 안정감을 줄 수 있다.

③ 의욕적 측면

(1) 달성의욕

① 특징 : 자신이 설정한 목표를 이루기 위해 노력하고자 하는 성취 지향적인 태도를 측정한다. 높은 이상이나 뚜렷한 목적의식을 가졌는지를 판별한다.

② 면접 시 유의점

    ㉠ 달성의욕이 높은 경우 : 자기 계발 의지 및 경쟁심 등으로 연결될 수 있어 대부분의 조직에서 긍정적으로 평가된다. 다만 점수가 지나치게 높은 경우 독단적이거나 고집이 세 보일 수 있으므로 수용적인 태도를 함께 갖추는 것이 좋다.

    ㉡ 달성의욕이 낮은 경우 : 도전 의지가 부족하거나 목표 설정에 소극적인 인상을 줄 수 있다. 주어진 역할을 꾸준히 수행하여 안정적인 성취를 이룬 경험을 드러내는 것이 좋다.

(2) 활동의욕

① 특징 : 목표를 위해 정신적인 에너지를 발휘하고 적극적으로 행동하려는 활동력 및 추진력을 측정한다. 새로운 일을 마주했을 때 빠르게 움직이고, 상황을 주도적으로 이끄는 것이 이에 해당한다.

② 면접 시 유의점

    ㉠ 활동의욕이 높은 경우 : 대개 상황 판단이 빠르고 실행 능력이 뛰어나다고 평가받는다. 다만 상황에 맞춰 의욕을 조절할 수 있음을 함께 보여 이러한 성향이 과도한 성급함으로 해석되지 않도록 하는 것이 좋다.

    ㉡ 활동의욕이 낮은 경우 : 신중하고 차분한 특성이 강조된다. 소극적인 인재로 해석될 가능성이 있으므로 업무 진행 과정에서 주도성을 발휘할 수 있다는 태도를 보이는 것이 좋다.

> **TIP** 인재상과 나의 실제 성격이 다를 때
>
> 기업체의 인재상과 나의 실제 성격이 다를 수 있다. 그럴 때는 자신의 성향을 해석하고 전달하는 방식을 바꾸어 인재상과 연결 짓도록 한다.
> - 사회적 내향성이 높은 성격이지만 협동력과 대인관계능력을 중요시하는 인재상을 요구받을 수 있다. 이 경우 내성적이지만 경청을 잘해 갈등 중재에 뛰어나다는 점을 강조한다.
> - 사회적 내향성이 낮고 신체활동성이 높아서 성실성을 강조하는 인재상에 맞지 않는 경우가 있다. 이 경우 체력을 기반으로 꾸준히 노력할 수 있는 인재라는 점을 어필한다.

인성검사의 예시

1 인성검사 유형

(1) 복합형

복합형 인성검사는 하나의 문항 안에 서로 다른 성향을 암시하는 질문을 제시하여 응답자가 어떤 특성을 우선시하는지 확인하는 유형이다. 즉, 응답자의 성향이 얼마나 일관된 기준을 중심으로 정리되어 있는지를 통해 응답자의 균형감각과 우선순위 설정 능력 등을 확인하는 데에 활용된다.

(2) 생각일치형

생각일치형 인성검사는 개인의 가치관, 신념, 사고방식이 어떤 형태를 띠고 있는지 판단하는 유형이다. 주로 업무 태도, 인간관계, 문제 해결 방식과 같이 인지적 판단이 개입되는 영역을 다루는 문항이 출제된다. 이를 통해 지원자의 생각이 상황에 따라 쉽게 바뀌는지, 혹은 일정한 기준에 따라 논리적으로 사고하는지를 확인하고자 한다.

(3) 행동일치형

행동일치형 인성검사는 지원자의 실제 행동 경향을 중심으로 성향을 판단하는 유형이다. 생각이나 태도와 달리 행동은 비교적 꾸며내기 어렵다는 점에서 중요한 평가 자료로 활용될 수 있다. 이 유형은 '어떻게 생각하는가'보다는 '실제로 어떻게 행동해 왔는가'를 기준으로 지원자의 실천 가능성과 지속성 등을 평가한다.

(4) 진위형

진위형 인성검사는 문항에 대해 '그렇다/아니다'와 같은 구조로 이분법적 선택을 요구하는 유형이다. 문항 자체는 비교적 단순해 보일 수 있으나, 동일하거나 유사한 내용이 반복적으로 제시되며 응답의 진실성과 일관성을 검증하는 데에 자주 활용된다.

(5) 상황판단형

상황판단형 인성검사는 직무 또는 조직 내에서 발생할 수 있는 상황을 제시하고, 이에 대해 어떻게 판단하고 대응할 것인지를 비교적 구체적으로 묻는 유형이다. 실제 업무 환경에서의 판단력과 조직 적합성, 상황 대응의 현실성 등을 종합적으로 확인한다.

2 복합형 응답 요령과 예시

(1) 응답 요령

복합형 응답법

- 응답 Ⅰ : 각각의 문항에 대해 자신이 동의하는 정도를 ① (전혀 그렇지 않다) ~ ⑤ (매우 그렇다)로 표시한다.
- 응답 Ⅱ : 제시된 문항들을 비교하여 상대적으로 자신의 성격과 가장 가까운 문항 하나와 가장 거리가 먼 문항 하나를 선택한다. 응답 Ⅱ는 가깝다 한 개, 멀다 한 개, 무응답 두 개여야 한다.

(2) 예시 및 해설

질문	응답 Ⅰ	응답 Ⅱ
	① ② ③ ④ ⑤	멀다 가깝다
1. 무슨 일도 좀처럼 시작하지 못한다.		
2. 초면인 사람과도 바로 친해질 수 있다.		
3. 행동하고 나서 생각하는 편이다.		
4. 쉬는 날은 집에 있는 경우가 많다		

〈문항 해설〉

1. 자신감을 구분하는 문항이다.
2. 사회적 내향성을 구분하는 문항이다.
3. 신중성을 구분하는 문항이다.
4. 신체활동성을 구분하는 문항이다.

(3) 응답 전략

① 다양한 응답 유형 사이에서도 일관성을 유지하는 것이 중요하다. 문항 전체에서 흔들리지 않는 핵심 가치를 하나 잡고 응답을 이어 나가는 것이 도움 될 수 있다.

② 모든 항목에서 '매우 그렇다/매우 아니다'를 선택하면 신뢰도가 떨어지고 진정성을 의심받을 수 있다. 너무 이상적이거나 완벽한 사람처럼 보이는 응답은 되도록 피한다.

③ 상황에 따라 유연하게 판단할 수 있다는 인상을 주되, 책임 회피형 응답은 피한다.

(1) 응답 요령

생각일치형 응답법

제시된 네 가지 질문 중에서 자신과 가장 가깝다고 생각하는 질문에 '가깝다', 자신과 가장 멀다고 생각하는 질문에 '멀다'로 각각 선택한다. 응답은 가깝다 한 개, 멀다 한 개, 무응답 두 개여야 한다.

(2) 예시 및 해설

질문	가깝다	멀다
나는 계획적으로 일을 하는 것을 좋아한다.		
나는 꼼꼼하게 일을 마무리하는 편이다.		
나는 새로운 방법으로 문제를 해결하는 것을 좋아한다.		
나는 빠르고 신속하게 일을 처리해야 마음이 편하다.		

〈문항 해설〉

질문 : 업무 수행에서의 방식·태도·정밀도·속도에 대한 선호를 비교하여 신중성의 수준을 구분하는 문항이다.

(3) 응답 전략

① 유사한 맥락의 문항을 반복적으로 물어 일관성을 확인하는 유형이다. 비슷한 문항은 의미 단위로 기억하여 일관적인 답변을 제시하도록 한다.

② 의미상 양극단의 문항(ex. 나는 꼼꼼하게 일을 마무리하는 편이다/나는 세심하지 못한 편이다)에 모순되는 답변을 하지 않도록 특히 주의한다.

③ 너무 극단적으로 보일 수 있는 문항은 되도록 선택을 피하는 것이 좋다.

④ 행동일치형 응답 요령과 예시

(1) 응답 요령

(2) 예시 및 해설

1	① 아무것도 생각하지 않을 때가 많다.	A ①②③④
	② 스포츠는 하는 것보다 보는 게 좋다.	
	③ 성격이 급한 편이다.	B ①②③④
	④ 비가 오지 않으면 우산을 가지고 가지 않는다.	

〈문항 해설〉

① 활동의욕을 구분하는 문항이다.
② 신체활동성을 구분하는 문항이다.
③ 침착성을 구분하는 문항이다.
④ 신중성을 구분하는 문항이다.

(3) 응답 전략

① 행동 양상을 분석해서 생각과의 일관성을 판단하는 유형이다. 생각과 행동이 일치할 때 설득력이 높아짐에 유의한다.

② 지원하는 직무의 역할과 맥락을 고려하여, 태도에서 강조한 강점이 행동 사례에서도 입증되도록 응답한다.

③ 너무 극단적인 표현이나 단정 짓는 어조를 가진 문항에 주의하여 응답한다.

5 진위형 응답 요령과 예시

(1) 응답 요령

진위형 응답법

제시된 질문을 읽은 다음 자신에게 해당하는 것이라면 YES를 선택하고, 해당하지 않는다면 NO를 선택한다.

(2) 예시 및 해설

질문	YES	NO
1. 집에 머무는 시간보다 밖에서 활동하는 시간이 더 많은 편이다.		
2. 자주 생각이 바뀌는 편이다.		
3. 사람들과 관계 맺는 것을 잘하지 못한다.		
4. 끈기가 있는 편이다.		
5. 인생의 목표는 큰 것이 좋다.		

〈문항 해설〉

1. 신체활동성을 구분하는 문항이다.
2. 신중성을 구분하는 문항이다.
3. 사회적 내향성을 구분하는 문항이다.
4. 지속성을 구분하는 문항이다.
5. 달성의욕을 구분하는 문항이다.

(3) 응답 전략

① 단순 양자택일의 유형이므로 극단적인 진술이 되지 않도록 특히 주의한다.

② 조직의 인재상에 부합하는 중요한 가치에는 일관된 긍정 답변을 제시하는 것이 좋다.

③ 약한 수준의 부정적 성향을 묻는 문항(ex. 나는 <u>가끔</u> 우울하다)에는 솔직하게 긍정해서 진정성을 드러내는 것이 좋다.

(1) 응답 요령

상황판단형 응답법

제시된 질문을 읽은 다음, 아래의 선지 중 자신이 가장 적절하다고 생각되는 것을 하나 선택한다.

(2) 예시 및 해설

문항 질문 : 상사가 규정을 다소 위반하는 방식으로 업무를 처리하라고 지시하였다. 당신의 행동으로 가장 적절한 것은 무엇인가?

① 지시에 따르되, 문제 발생 시 책임은 상사에게 전가한다.

② 규정 위반이므로 즉시 거부하고 문제를 외부 기관에 신고한다.

③ 우선 상사에게 규정 위반 가능성을 설명하고 대안을 제시한다.

④ 지시에 따르되, 별다른 의견은 제시하지 않는다.

〈문항 해설〉

① 책임 회피적 태도로 판단될 수 있으며 조직 신뢰성 측면에서 부정적으로 평가될 가능성이 있다.

② 원칙 중심적 태도는 긍정적이나, 조직 내 해결 노력 없이 즉각 외부 신고를 선택하는 것은 협업성 부족으로 해석될 수 있다.

③ 규정을 존중하면서도 상사와의 소통을 통해 해결을 시도하는 방식으로, 책임감 · 의사소통 능력 · 조직 적응성을 동시에 보여주는 선택이다.

④ 갈등을 회피하고 수동적으로 따르는 태도로 평가될 수 있으며, 문제 해결 능력이 낮게 판단될 가능성이 있다.

(3) 응답 전략

① 개인의 감정보다 조직 기준에 부합하는 행동을 선택하는 것이 중요하므로 제시된 질문의 맥락을 신중히 파악한다.

② 무조건적인 순응 등과 같은 태도는 감점 요인이 될 수 있음에 유의한다.

③ 책임 · 협업 · 합리성이 균형을 이루는 답안을 선택하는 것이 바람직하다.

면접

Chapter 01

면접의 이해

1 면접 목적

(1) 역량 검증

면접은 다양한 기법을 활용하여 지원자가 직무에 필요한 능력을 보유하고 있는지 확인하는 절차이다. 지원자는 직무 수행에 필요한 요건과 관련한 자신의 경험, 관심사, 성취 등을 기업에 직접 어필하고, 인사 담당자는 기업은 서류만으로는 알 수 없는 지원자의 정보를 직접적으로 판단하고 평가한다.

(2) 강점 어필

면접은 보통 대면으로 이루어지며, 즉흥적인 질문을 포함하기 때문에 지원자가 완벽하게 준비하기 어렵다. 그러나 지원자에게는 서류 전형에서 미처 보이지 못한 실제 외국어 능력이나 커뮤니케이션 능력, 비즈니스 매너 등을 인사 담당자에게 추가로 어필하는 기회가 될 수 있다.

(3) 가치관 및 태도 확인

지원자의 성실성, 책임감, 윤리 의식 등 기본적인 인성 요소를 종합적으로 판단한다. 위기 상황에서의 태도, 실패 경험에 대한 인식 등을 통해 가치관의 방향성을 확인한다. 이는 장기 근속 가능성과도 밀접하게 연결되는 평가 요소이다.

(4) 의사소통 능력 평가

면접은 질문을 이해하고 핵심을 구조화하여 전달하는 능력을 평가하는 과정이다. 논리 전개력, 표현의 명확성, 경청 태도 등을 종합적으로 본다. 특히 조직 내 보고·협업 환경에서 원활한 소통이 가능한지를 판단한다.

(5) 성장 가능성 탐색

현재 역량뿐 아니라 향후 발전 가능성을 함께 평가한다. 피드백 수용 태도, 자기 성찰 능력, 학습 의지를 통해 잠재력을 확인한다. 즉시 투입 가능한 인재와 동시에 장기적으로 성장할 수 있는 인재를 선별하고자 한다.

② 평가 요소

(1) 기획력

주어진 과제나 상황을 정확히 이해하고 핵심 문제를 도출하는 능력을 평가한다. 문제의 원인을 분석하고 논리적으로 해결 방안을 제시할 수 있는지, 제시한 아이디어가 현실적으로 실행 가능한지 등이 해당한다. 특히 PT면접에서는 자료 해석 능력, 논리적 구조화, 설득력 등이 중요한 평가 요소가 된다.

(2) 직무전문성

지원 직무와 관련된 기본적인 이해도를 바탕으로 실제 업무 수행에 필요한 역량을 갖추고 있는지를 확인한다. 직무와 관련한 경험을 기반으로 구체적인 사례를 제시할수록 높은 평가를 받을 수 있다.

(3) 추진력

문제 해결을 위해 주도적으로 행동하고 과제를 끝까지 수행하려는 의지가 있는지 평가한다. 과거 경험에서 목표를 설정하고 실행했던 과정, 어려움을 극복한 방식 등을 통해 실행력과 책임감 있는 태도를 나타낼 수 있다.

(4) 윤리의식

공공기관의 구성원으로서 요구되는 올바른 가치관과 태도를 지녔는지 평가한다. 업무 수행 과정에서 공정성과 투명성을 유지하려는 자세, 조직의 규정을 수용하려는 의지 등이 중요한 평가 요소이다. 다만 지나친 과장이나 방어적인 태도는 감점 요인이 될 수 있다.

(5) 책임감

맡은 역할을 책임지고 성실하게 수행하는 태도를 평가한다. 협업 중 의사소통 방식 등을 통해 조직 구성원으로서의 적합성을 판단한다. 피드백을 수용하고 지속적으로 발전하려는 자세도 중요한 평가 요소로 고려될 수 있다.

> **TIP** 서울디자인재단 면접 방법
>
> 서울디자인재단 면접전형은 인성면접과 PT 형식의 직무면접으로 이루어져 있다. 따라서 일반적인 답변 문장을 암기하기보다는 자신의 경험과 생각을 논리적으로 풀어 발표할 수 있도록 정리해 두는 것이 좋다. 특히 직무와 관련된 경험을 정리할 때는 상황과 역할, 문제 해결 과정, 결과와 느낀 점 등을 구조화하는 것이 다양한 주제에 대응하기 수월할 것이다.

1 면접 전 준비 사항

(1) 복장 및 스타일

최근 면접 복장을 점차 자율화하는 추세지만, 인사 담당자와 처음으로 만나는 자리이므로 예의를 갖춰 단정하게 입는 것이 좋다.

- 깔끔한 셔츠나 블라우스에 슬랙스를 매치하는 것이 가장 무난하다. 여성의 경우 단정한 원피스도 좋은 선택지가 될 것이다.
- 너무 화려한 액세서리와 넥타이, 높은 구두는 피하는 것이 좋다.
- 헤어스타일 역시 복장의 일부이기에 단정하게 정돈한다. 앞머리가 있다면 눈을 가리지 않도록 정리한다. 여성의 경우 묶이지 않는 길이가 아니라면 깔끔하게 묶는 것을 권장한다.

(2) 조직 정보 확인

지원한 조직의 홈페이지에서 비전과 경영 목표 등을 미리 확인한다. 조직마다 지향점이 다르고, 그 지향점에 따라 지원자에게 바라는 인재상 또한 달라지기 때문이다. 조직에서 제시하는 핵심 가치나 인재상에 자신의 경험과 강점을 연결 지어 답변할 수 있도록 준비한다.

(3) 시간 준수

예절의 기본은 시간이다. 지각할 경우 면접에 응시할 수 없거나 불이익을 받을 가능성이 높다. 면접 시간과 장소가 결정되면 가장 먼저 교통편과 소요 시간을 미리 확인하도록 한다. 가능하면 사전에 방문해 본다. 면접 당일 여유를 가지고 20 ~ 30분 전에 도착하는 것이 좋다.

(4) 지원서와 자기소개서 숙지

인성 면접은 지원서와 자기소개서에 관한 내용을 바탕으로 진행하기 마련이다. 그러므로 작성했던 지원서와 자기소개서를 사전에 충분히 숙지하도록 한다. 특히 자신이 작성한 경험이나 성과에 대해 '왜 그렇게 했는지', '그 과정에서 무엇을 배웠는지' 등의 세부 내용을 명확히 알고 있어야 꼬리 질문에 대비할 수 있다.

(5) 최신 뉴스와 시사상식 파악

사회 이슈에 대한 견해나 시사상식에 관한 질문에 대비하기 위해, 지원한 분야와 관련된 최신 뉴스와 시사상식을 알아 두는 것이 좋다. 이런 부분에서 해당 조직에 대한 관심, 입사 의지, 직무 이해도 등을 보일 수 있다.

(6) 예상 질문 및 답변 준비

사전에 다빈도 기출 질문 리스트를 만들고 예상 답변을 정리해 본다. 다소 긴장한 상태에서도 자연스럽게 답할 수 있도록 반복해서 연습한다. 거울을 보며 말하거나 답변하는 자신의 모습을 동영상으로 촬영해 보는 것도 도움이 될 수 있다.

(7) 면접 점검표

점검사항	확인
① 면접 장소를 확인했다.	
② 면접 장소까지의 교통편과 소요 시간을 확인했다.	
③ 지원한 조직의 비전과 목표를 확인했다.	
④ 지원한 조직의 인재상을 확인했다.	
⑤ 면접 자리에 알맞은 복장을 준비했다.	
⑥ 헤어스타일을 단정하게 정돈했다.	
⑦ 지원서와 자기소개서를 숙지했다.	
⑧ 지원한 조직의 보도 자료를 확인했다.	
⑨ 지원 분야와 관련된 최신 뉴스를 확인했다.	
⑩ 지원 분야와 관련된 시사상식을 숙지했다.	
⑪ 다빈도 기출 질문 리스트를 만들고 예상 답변을 정리했다.	

② 면접 중 유념 사항

(1) 자세

① 인사를 할 때는 목만 숙인다거나 흐트러진 상태가 되지 않도록 주의한다.

② 걸을 때는 상체를 곧게 유지하고 발끝은 평행이 되게 하며 무릎은 스치듯 11자로 걷는다. 보폭은 어깨너비만큼이 적당하지만, 스커트를 입은 경우 보폭을 줄인다.

③ 서 있을 때는 팔을 자연스럽게 내리고 양손을 가볍게 쥐어 바지 옆선에 붙인다. 스커트를 입은 경우 공수 자세를 유지한다.

④ 앉아 있을 때 시선은 정면을 바라보며 턱은 가볍게 당기고 미소를 짓는다.

⑤ 앉고 일어날 때는 자세가 흐트러지지 않도록 의식해서 행동한다.

(2) 언어적 표현

① 인사말을 할 때는 밝고 친근감 있는 목소리로 또박또박 발성하며, 이름과 응시직렬, 수험번호 등을 간략하게 소개한다.

② 면접은 면접관과 지원자가 서로 이야기를 나누는 과정이므로 목소리가 미치는 영향력이 상당히 크다. 때문에 적절한 답변을 하더라도 자신감 없는 작은 목소리나 콧소리를 동반하면 신뢰감이 떨어질 수 있다. 부드러우면서 명확한 목소리를 유지하는 것이 바람직하다.

(3) 비언어적 표현

① 표정은 감정을 가장 잘 표현할 수 있는 의사소통 도구이며, 면접에서 지원자의 첫인상을 결정하는 중요한 요소 중 하나이다. 따라서 면접 중에는 밝은 표정으로 미소를 지어 호감을 형성할 수 있도록 한다.

② 시선은 면접관과 고르게 맞추고 생기 있는 눈빛을 띠도록 한다. 인사 시에는 상대방의 눈을 보며 하는 것이 가장 중요하지만, 너무 빤히 쳐다본다는 느낌이 들지 않도록 주의한다.

③ 면접관의 감점 포인트

(1) 질문의 의도 파악 실패

질문과 무관한 답변을 장황하게 이어가거나, 외운 답변만 그대로 말하는 경우 감점 요인이 된다. 면접은 말하기 시험이 아니라 질문에 정확히 답하는 능력을 평가하는 과정이다. 질문의 핵심을 파악하지 못하면 직무 이해도와 사고력에 대한 신뢰가 낮아질 수 있다.

(2) 경험의 구체성 부족

추상적인 표현이나 일반론적 답변은 실제 역량 검증이 어렵다. 열심히 했다, 최선을 다했다와 같은 표현은 설득력이 낮다. 구체적인 상황·행동·결과가 제시되지 않으면 직무 수행 가능성에 의문이 생길 수 있다.

(3) 책임 회피형 태도

실패 경험을 설명하면서 타인이나 환경 탓으로 돌리는 태도는 부정적으로 평가된다. 조직은 완벽한 인재보다, 문제를 인식하고 개선하는 인재를 선호한다. 책임을 인정하고 학습한 점을 제시하지 못하면 성장 가능성 점수가 낮아질 수 있다.

(4) 과도한 자기 연출

지나치게 이상적이거나 완벽한 모습만을 강조하면 진정성이 의심될 수 있다. 실제 경험과 동떨어진 과장된 답변은 추가 질문에서 쉽게 드러난다. 조직은 완벽한 사람보다 예측 가능한 사람을 선호한다는 점을 이해해야 한다.

(5) 비언어적 태도의 불안정성

시선 처리, 표정, 자세, 말의 속도는 신뢰감 형성에 영향을 미친다. 과도한 긴장으로 인한 급한 말투나 불안정한 태도는 준비 부족으로 해석될 수 있다. 안정된 자세와 일정한 말하기 속도는 내용 이상의 평가 요소가 된다.

면접 답변 구조

❶ STAR

(1) 정의 및 특징

상황과 경험 면접에서 주로 사용한다. 어려운 상황을 극복했던 경험, 갈등을 중재했던 경험 등을 묻는 질문에 답하기 좋다.

상황(situation) 계기나 상황	→	업무(task) 맡은 업무	→	실행(action) 실행한 사례	→	결과(result) 실행의 결과

(2) 질문 답변 예시

> Q. 가장 힘들었던 때와 그때를 극복해 낸 경험을 말해 보십시오.

① S : 고등학교 이 학년 때 동아리 회장직을 맡게 되었습니다. 그런데 내부 갈등으로 인원과 예산이 줄어 동아리를 폐쇄해야 할 위기에 직면했습니다.

TIP 당시 상황과 맥락을 들어 사건의 시발점을 간결하게 제시한다.

② T : 저는 동아리 재건에 도전하기로 결심했습니다. 동아리 활성화를 위해 가장 중요한 것은 사람이라고 생각했고, 새로운 동아리 회원을 모집하고자 했습니다.

TIP 주어진 책임이나 목표를 언급하며, 해결해야 했던 핵심 과제 또는 맡은 업무를 중심으로 답변한다.

③ A : 그래서 동아리 홍보 포스터를 만들어 일 학년 게시판이나 복도에 중심적으로 게시하고, 점심시간과 쉬는 시간에 선생님들께 양해를 얻어 일 학년 교실에서 동아리 홍보를 하기도 했습니다.

TIP 중심이 되는 부분이므로 명확하게 전달한다. 문제 해결을 위해 취한 행동을 구체적으로 설명하며, 능동 표현을 사용하는 것이 좋다.

④ R : 그 결과 폐쇄 위기였던 저희 동아리는 일 년 만에 학교에서 신입생이 가장 많은 동아리가 되었고, 이후 다양한 활동을 하며 동아리를 활성화했습니다. 이 경험으로 문제 해결을 위해 주도적으로 행동하는 자세의 중요성을 배울 수 있었습니다.

TIP 구체적인 성과를 언급하며 마무리한다. 가능하다면 수치나 객관적 지표를 제시하는 것이 효과적이다. 배운 점 또는 느낀 점을 덧붙이면 더 좋은 인상을 남길 수 있다.

(1) 정의 및 특징

압박이나 개별 면접에서 주로 사용한다. 갈등이나 위기, 도전 경험을 설명하는 데 유용하게 사용할 수 있다.

상황(situation) 상황 설명	→	위기(crisis) 위기 상황	→	행동(action) 위기 해결 행동	→	결과(result) 행동의 결과

(2) 질문 답변 예시

> Q. 갈등 상황을 중재한 적이 있습니까? 있다면 경험을 말해 보십시오.

① S : 팀 프로젝트에서 자료 분석 방향을 두고 두 명이 서로 다른 해석을 주장하며 큰 의견 차이를 보인 적이 있었습니다.

TIP 지원 분야와 관련한 전문적인 과제 및 업무 상황의 내용을 제시하면 유리하다.

② C : 가벼운 토의에서 시작했지만 분석 기준과 책임 범위를 두고 감정적인 논쟁으로까지 번졌고, 이에 따라 프로젝트가 무산될 위험까지 생겼습니다.

TIP 위기 또는 갈등 상황을 구체적으로 설명한다. 예상되었던 부정적인 결과를 덧붙이면 상황의 심각성을 더욱 설득력 있게 전달할 수 있다.

③ A : 저는 우선 갈등 악화를 막기 위해 회의를 중단하고, 이후 중립적인 기준을 바탕으로 두 주장을 정리한 뒤, 타협안을 도출해서 다음 회의 때 제시했습니다.

TIP 자신의 역할과 행동을 중심으로 답변한다. 가능한 경우 문제의 접근 방법과 합리적인 판단의 근거 등을 함께 설명하면 좋다.

④ R : 그 결과, 의견이 원만하게 통일되어 프로젝트에서 만족스러운 결과를 얻을 수 있었습니다. 저는 이를 통해 양측의 입장을 헤아려 합리적인 해결책을 제시하는 중재자의 역할을 경험했습니다.

TIP 앞서 언급한 행동의 긍정적인 결과를 제시하고, 그로 인해 얻은 교훈이나 역량으로 마무리한다.

③ PREP

(1) 정의 및 특징

토론이나 발표 면접에서 주로 사용한다. 논리적인 이유와 실제 사례 및 데이터에 기반하므로 설득력 있는 주장을 펼칠 수 있다.

주장(point) 주장 제시	→	이유(reason) 논리적 이유	→	사례(example) 근거 보충	→	주장(point) 주장 강조

(2) 질문 답변 예시

> Q. 재택근무 제도에 대해 어떻게 생각하십니까?

① P : 저는 재택근무 제도에 찬성합니다. 그리고 재택근무의 확대가 조직의 발전에 도움이 된다고 생각합니다.

TIP 주장과 주장의 핵심이 되는 내용을 시작으로 답변을 전개한다. 짧고 간결한 표현을 사용하면 좋다.

② R : 업무 특성에 따라 유연한 근무 환경을 제공하면 직원들의 업무 집중도와 조직 전체의 효율성이 높아질 수 있기 때문입니다.

TIP 주관적인 판단보다는 주제를 객관적으로 파악하는 관점을 가지는 것이 좋다.

③ E : 실제로 근래에 많은 기업이 재택근무를 도입하기 시작했는데, 출퇴근 시간 단축과 자율적인 근무 환경으로 만족도와 생산성이 동시에 향상되었다는 조사 결과가 있었습니다.

TIP 근거와 직접적으로 연결되는 부연 설명을 덧붙인다. 연구 결과, 기사, 통계 등을 활용하면 신뢰성과 설득력을 높일 수 있다.

④ P : 그러므로 재택근무 제도를 적극 도입해 근무자의 업무 수행력을 높일 수 있도록 도와야 한다고 생각합니다.

TIP 마무리 단계에서 처음 주장을 반복함으로써 자신의 의견을 강조할 수 있다. 제안이나 기대 효과 등을 함께 언급하면 논리의 전문성을 높이는 데 도움이 된다.

(1) 정의 및 특징

토론이나 발표 면접에서 주로 사용한다. 설득보다는 설명과 이해를 좀 더 중시한다는 특징이 있다.

주장(opinion)		이유(reason)		예시(example)		주장(opinion)
주장 명시	→	논리적 이유	→	구체적 예시	→	주장 강조

(2) 질문 답변 예시

> Q. 현재 동물 학대 처벌 수준에 대해 어떻게 생각하십니까?

① O : 저는 동물 학대에 대한 처벌을 크게 강화해야 한다고 생각합니다.

TIP 도입부에서 자신의 주장을 명확하게 제시한다. 추상적이거나 애매한 입장은 피하고 확실한 태도를 갖는 편이 더욱 신뢰감을 줄 수 있다.

② R : 동물 또한 감정과 고통을 가진 존재이기 때문에 윤리적으로 충분히 보호받아야 할 필요가 있습니다. 그러나 현행 처벌 수준으로는 동물 학대의 실질적인 억제 효과가 부족합니다.

TIP 의견을 뒷받침하는 논리적 근거를 중심으로 답변한다. 이때 주장과 이유의 인과관계를 분명히 하여, 타당하고 듣는 이가 납득하기 쉽게 구성하는 것이 좋다.

③ E : 일부 국가에서는 동물 학대에 대한 처벌을 강화한 후, 관련 범죄가 감소하고 동물 복지 의식이 높아졌다는 보고가 있습니다. 예를 들어, 독일은 헌법에 동물 보호를 명시하고 학대자에 대해 최대 3년의 징역형을 집행하면서, 동물 학대가 매우 드문 국가가 된 사례가 있습니다.

TIP 구체적인 사례나 통계를 제시하여 주장과 이유를 보다 자세히 설명한다. 이때 검증할 수 있고 신뢰가 가는 자료를 채택하는 것이 좋다.

④ O : 따라서 동물 학대에 대한 처벌을 대폭 강화해 실질적인 동물 복지를 개선하고 사회 전반의 윤리적 수준을 높여야 한다고 생각합니다.

TIP 핵심 의견을 다시 강조하며 마무리한다. 가능하다면 예상되는 결과나 미래 전망 등을 함께 언급해서 결론을 더 강조할 수 있다.

면접 유형 및 준비전략

1 인성면접

(1) 평정 요소

① 대인관계능력

> • 처음 만나는 사람과 쉽게 친해지는 편입니까?
> • 생각이 다른 동료와 함께 일했을 때 어떻게 협업했습니까?
> • 업무 중 동료와 갈등이 생긴다면 어떻게 하겠습니까?

㉠ 협조성과 갈등 중재 능력, 팀워크 등을 심사하는 질문이다. 인사 담당자로서는 동료들과 얼마나 원활한 관계를 형성하고 유지해 나가는지도 중요한 평정요소이다.

㉡ 대인관계능력은 의사소통에서 시작한다. 의사소통능력은 단순히 조리 있게 말을 잘 하는 것뿐만 아니라 경청하는 자세, 문서를 읽고 쓰는 능력, 기초 외국어 능력까지 포함한다.

② 자기계발능력

> • 가장 힘들었던 때와 그때를 극복해 낸 경험을 말해 보십시오.
> • 입사 후 전문성을 키우기 위해 어떤 자기 계발을 할 계획입니까?
> • 새로운 업무 시스템이나 절차가 도입되었을 때 빠르게 이해하고 적응했던 경험이 있습니까?

㉠ 과거에 자기 계발을 했던 경험, 또는 입사 후 포부 등 다양한 형태로 질문한다.

㉡ 과거의 경험은 자신의 부족한 점이나 약점을 인식한 후 어떤 노력을 통해 극복했는지, 입사 후 포부는 자신의 부족한 점을 어떻게 더욱 개발할지를 묻는다.

③ 스트레스 관리

> • 취미가 무엇입니까?
> • 자신만의 스트레스 관리법이 있습니까?
> • 평소 여가시간을 어떻게 보내는 편입니까?

㉠ 스트레스를 어떻게 관리하고 해소하는지를 통해 인사 담당자는 해당 지원자가 압박 상황에서 어떻게 대처하는지를 알 수 있다.

㉡ 취미나 여가 시간을 묻는 단순한 질문에도 자신의 직무 역량과 연결해 답하는 것이 중요하다.

④ 성실성

> • 장기간 꾸준히 노력했던 경험을 말씀해 주십시오.
> • 마감 기한이 촉박했던 상황에서 어떻게 대응했는지 구체적으로 설명해 보십시오.
> • 반복적이고 단조로운 업무를 맡았을 때 어떻게 동기를 유지했습니까?

㉠ 성실하게 근무를 했었던 경험에 대해서 질문한다.

㉡ 장기 근속 여부 및 맡은 업무를 성실하게 할 수 있는가를 중요하게 확인한다.

⑤ 책임감

> • 본인의 실수로 문제가 발생했던 경험과 그 해결 과정을 설명해 보십시오.
> • 팀 프로젝트에서 갈등이 발생했을 때 본인은 어떤 역할을 했습니까?
> • 맡은 역할 이상으로 추가적인 책임을 수행했던 경험이 있다면 말씀해 주십시오.

㉠ 업무에 책임감을 확인하는 평정요소이다.

㉡ 문제 해결을 한 경험에 대해서 빈번하게 묻는다.

⑥ 가치관 및 조직적합성

> • 조직 내에서 규정과 개인의 판단이 충돌한다면 어떻게 행동하시겠습니까?
> • 본인이 중요하게 생각하는 직장인의 덕목은 무엇입니까?
> • 상사의 지시가 본인의 생각과 다를 경우 어떻게 대응하시겠습니까?

㉠ 가치관을 확인하는 질문을 하는 평정요소이다.

㉡ 인성검사 결과와 연관되는 질문을 빈번하게 하는 편이다.

⑦ 의사소통 태도 및 안정성

> • 본인의 의견이 받아들여지지 않았던 경험을 설명해 보십시오.
> • 예상치 못한 질문을 받았을 때 어떻게 대응하시겠습니까?
> • 면접과 같은 긴장 상황에서 본인을 어떻게 조절하십니까?

㉠ 의사소통 및 소통능력을 확인하는 평정요소이다.

㉡ 동료들과 의사소통을 통해서 갈등을 해결한 경험을 주요하게 물어본다.

(2) 준비전략

인성면접은 지원자의 인품을 넘어 상기 평정 요소들을 평가하는 일종의 구술시험이다. 따라서 인성 평가라는 사고에 갇혀 무난한 모범 대답만 반복하는 것은 피해야 한다. 질문의 의도를 파악하고 그것을 조리 있게 말하는 능력이 중요하다. 주로 지원서나 자기소개서를 기반으로 하는 질문 또는 사회적으로 쟁점이 되는 뉴스와 시사상식에 대한 견해를 묻기 때문에 해당 내용을 사전에 숙지해야 한다.

❷ 직무면접

(1) 평정 요소

① 직무상식

> • A 프로그램을 사용할 수 있습니까?
> • 해당 업무를 수행할 때 바람직한 태도는 무엇입니까?
> • 직무와 관련해 개인적으로 학습하거나 준비한 것이 있습니까?

㉠ 직무를 수행할 최소한의 학습 경험과 이해도·관심도를 갖추었는지를 평가한다.

㉡ 해당 직무를 담당할 때 필요한 기초 지식과 태도 등의 이해를 필요로 한다.

㉢ 전공 개론 수준의 이론 또는 사용하는 툴이나 프로그램 등을 묻는다.

② 응용능력

> • 업무 과정에서 비효율적인 부분을 발견하고 개선한 경험이 있습니까?
> • 업무에서 실수를 줄이고 정확성을 유지하기 위한 자신만의 방법이 있습니까?
> • 업무 마감 시간이 얼마 남지 않았는데 시스템 오류가 발생했다면 어떻게 하겠습니까?

㉠ 직무 지식을 실제 현장에서 응용할 수 있는지 파악하기 위한 질문이다.

㉡ 직무와 관련된 상황을 분석하고 해결 전략을 제시하는 논리적 사고를 필요로 한다.

㉢ 어떠한 상황을 주고 그 상황에서 본인이라면 어떻게 할 것인지를 묻는 경우가 많다.

③ 직무이해도

> • 이 직무를 수행하는 데 가장 중요한 역량은 무엇이라고 생각합니까?
> • B 법이 다음 달부터 개정 발효되는데 이유를 알고 있습니까?
> • C 안건을 본인이 한다면 어떤 순서로 하겠습니까?

㉠ 지원하는 업무를 정확히 이해하고 있는지를 확인하기 위한 질문이다.

㉡ 자신이 어떤 일을 해야 하는지 알고 해당 직종의 정책 및 지향점을 명확히 파악하는 것이 중요하다.

㉢ 직무에 대한 세부적인 질문을 받았을 때, 기업의 비전 또는 미션과 해당 직무의 역할을 연결 지어 답변하는 것 또한 좋은 어필이 된다.

(2) 준비전략

직무면접은 지원자의 직무 적합성을 검증하기 위한 면접이므로, 지원하는 직무에 대한 기본 이론부터 응용 상식까지 포괄적인 내용을 숙지하는 것이 중요하다. 채용 공고의 직무 설명, 홈페이지의 기업의 직무 소개, NCS 직무기술서 등을 토대로 필요 역량과 툴 등을 명확하게 파악하도록 한다.

❸ AI 면접

(1) 특징

AI가 면접관 역할을 대신하는 비대면 면접 유형 중 하나이다. 화상 카메라, 마이크 등을 준비해야 한다는 번 거로움이 있지만, 시간과 장소의 제약이 없다는 것이 장점이다. AI가 지원자의 시선, 말투, 표정, 제스처까지 전부 분석하고 많은 인원의 면접을 빠르게 치를 수 있다는 점에서 AI 면접을 선호하는 곳이 늘고 있다.

(2) 준비전략

① AI 면접에서는 시선처리와 발음, 응답속도가 중요한 평가 요소로 작용한다. 많은 지원자가 카메라가 아닌 화면을 보는 실수를 하는데, AI 면접 시에는 화면이 아닌 카메라를 정확히 보는 연습을 하는 것이 좋다.

② 음성 인식 정확도를 높이기 위해서는 또박또박 천천히 말하고, 질문이 끝난 뒤 2 ~ 3초 정도의 간격을 두고 대답한다.

❹ 개별면접

(1) 특징

한 명 또는 여러 명의 면접관과 한 명의 지원자가 면접을 치르는 것이다. 지원자가 한 명인 만큼 심층적인 질문 과 다양한 꼬리 질문을 받는다. 지원자의 사고 과정과 태도를 집중적으로 검증할 수 있다는 특징이 있다.

(2) 준비전략

① 심화 질문에 대비하기 위해서는 채용 공고, 기업의 비전과 미션, 보도 자료, 직종과 관련된 시사상식, 최 근 이슈, 지원서와 자기소개서 등을 모두 꼼꼼하게 숙지하도록 한다.

② 다 대 일 면접의 경우 심리적 압박감이 강할 수 있으므로 모의 면접을 통해 여러 면접관의 질문에 차분 히 대응하는 연습을 해두는 것이 좋다.

③ 한 면접관의 질문에 답변할 때도 다른 면접관들과 자연스럽게 시선을 나누며 소통하는 자세를 유지해야 한다.

⑤ 토론면접

(1) 특징

면접자들을 조별로 나누어 특정 주제를 주고 찬반 토론을 하도록 하는 면접이다. 토론을 통해 도출해 낸 최종안도 중요하지만, 결론을 도출하는 과정에서의 의사소통능력 및 갈등 상황에서 의견을 조정하는 대처 능력 등도 중요하게 평가된다.

(2) 준비전략

① 적극적으로 나의 의견을 주장하는 것도 중요하지만, 경청하고 조정하는 능력도 평정 요소 중 하나라는 사실에 유념하여 토론에 임해야 한다. 다른 사람이 발언할 때 고개를 끄덕이거나 적절한 반응을 보이며 경청하는 비언어적 커뮤니케이션을 잊지 않도록 한다.

② 주제는 주로 최근 사회 이슈나 업계 관련 쟁점 중에서 나오는 경우가 많으므로 이를 중심으로 공부하는 것이 좋다.

⑥ 상황면접

(1) 특징

실제 업무 중 마주할 수 있는 상황을 제시하고 어떻게 행동할 것인지를 묻는 방식으로 진행하는 면접이다. 현장에서 겪을 수 있는 상황을 제시함으로써 입사 이후의 실제적인 업무 수행 능력을 중점적으로 평가한다.

(2) 준비전략

① 상황면접 특성상 면접 질문이 길다는 점에 유의한다. 질문의 핵심 의도를 짚어내고 적절한 답을 제시할수록 높은 점수를 얻을 수 있다.

② 다양한 관점을 고려하여 어려운 문제 상황에 대한 답을 미리 생각해 보고 구조화된 면접 답변을 준비하는 것이 좋다.

⑦ 비대면 면접

(1) 특징

면접관과 지원자가 대면하지 않은 상태에서 진행하는 면접이다. 화상 프로그램을 통해 면접관과 질의문답을 주고받는 것과, 주어진 주제나 질문에 답하는 모습을 녹화하여 제출하는 것 두 종류로 나뉜다. 면접관이 사람이라는 점에서 AI 면접과는 차이가 있다.

(2) 준비전략

① 카메라와 마이크가 잘 작동하는지, 프로그램 설치나 설정이 맞게 되어있는지를 사전에 반드시 점검하도록 한다.

② 화면이 아닌 카메라 렌즈를 향해서 자연스러운 시선 처리를 유지하고, 질문이 끝난 뒤 2 ~ 3초의 간격을 두고 또렷하게 답변하는 것이 좋다.

③ 시스템 오류 등의 예상치 못한 상황이 벌어지더라도 당황하지 않고 침착하게 담당자의 안내에 따르도록 한다.

⑧ 외국어 면접

(1) 특징

외국어로 진행되는 면접으로, 외국계 기업이나 업무상 외국어를 많이 사용하는 직종에서 주로 시행한다. 전문용어나 비즈니스 매너 등까지 전반적으로 갖춰야 하므로, 원어민 면접관이 면접을 진행하는 때도 많다.

(2) 준비전략

① 중요한 건 자신감이다. 면접장에서 외국어를 완벽하게 구사해야 한다는 사실을 부담스러워하는 지원자가 많다. 그러나 완벽하지 않더라도 자신감 있게 나를 표현하는 모습이 좋은 평가를 받을 수 있다.

② 문화권마다 예의범절이나 비즈니스 매너 등이 다르다는 점에 유의하고 미리 숙지하도록 한다.

⑨ 발표면접 (PT면접)

(1) 특징

지원자가 제시된 특정 주제와 자료를 토대로 자기 생각을 발표하는 면접이다. 주어진 자료에서 핵심 주제와 맥락을 짚어낼 수 있는 능력과, 그것들을 기반으로 문제를 해결할 수 있는 능력 등이 주요 평정 요소이다.

(2) 준비전략

① 주제와 상황을 명징하게 파악하는 것이 가장 중요하다. 강조하고자 하는 핵심을 찾아내고, 서론 – 본론 – 결론의 체계적인 구조를 사용하여 이를 드러내는 것이 좋다.

② 발표할 때는 주어진 시간을 엄수하여 명확하고 자신 있는 태도로 한다.

⑩ 다(多) 대 다(多) 면접

(1) 특징

다수의 면접관과 다수의 지원자가 함께 면접을 보는 것이다. 개별 역량뿐만 아니라 다른 지원자들과의 상호작용, 경쟁 상황에서의 태도 등을 종합적으로 평가한다. 제한된 시간 내에 자신을 효과적으로 드러내야 하는 점이 어렵지만, 다른 지원자와 비교하여 자신의 취약점이나 강점을 파악할 수 있다는 장점도 있다.

(2) 준비전략

① 사람들 사이에서 자신을 보여주는 것도 중요하지만, 다른 지원자들을 향한 태도도 중요하다. 다른 지원자가 답변할 때는 그 지원자를, 면접관이 질문할 때는 그 면접관을 바라보며 경청하는 태도를 보인다.

② 다른 지원자와 답변이 겹치지 않도록 한 질문에 다양한 답변을 준비하는 것이 좋다.

다빈출 질문

> Q. 자기소개를 간단하게 해 보세요.

A. 안녕하십니까, A사 B직에 지원한 OOO(이)라고 합니다. 저는 제 핵심 강점인 책임감을 바탕으로, 어느 조직에서나 끈질긴 분석과 협업을 통해 목표 달성에 기여하고자 노력해 왔습니다. 이 과정에서 업무에 필요한 문제 해결 능력과 추진력 또한 키울 수 있었습니다. 실제로 여러 프로젝트에 참여하여 직접 제안한 아이디어로 성과 개선에 기여한 경험이 있습니다. 입사 후에도 이러한 역량과 경험을 바탕으로 빠르게 업무에 적응하고, 장기적으로는 A사의 핵심 인재로 성장할 수 있도록 노력하겠습니다. 감사합니다.

TIP 블라인드 면접 시 학교명이나 나이 등의 신상정보를 빼고, 직무와 관련된 강점 중심으로만 답변해야 한다. 자신의 성향을 한 문장으로 요약하고, 이어서 간단한 경험으로 근거를 제시한 뒤, 그 역량이 지원 직무에 어떻게 도움이 되는지 언급하며 마무리하면 좋다.

> Q. 우리 회사를 지원한 이유는 무엇입니까?

A. 회사의 성장 방향성 및 추구하는 목표가 제 가치관과 역량에 잘 맞는다고 생각했기 때문입니다. 저는 조직의 성격과 구성원의 역량이 맞닿을 때 가장 큰 성과를 만든다고 믿습니다. A사가 명확한 목표를 갖고 체계적으로 성장 전략을 실천하는 조직 문화를 갖추고 있으며, 구성원들이 도전하면서도 협업을 중시하는 환경에서 일하고 있다는 점이 인상 깊었습니다. 저 또한 A사에서 책임감 있게 협업하고 결과를 내는 사람으로 성장하고 싶어 지원했습니다.

TIP 홈페이지나 채용 공고에서 언급되는 핵심 가치 또는 인재상을 파악하고, 이를 자신의 성향과 연결 지어 기업과 자신의 지향점이 일치함을 강조하는 것이 바람직하다. 마무리는 능동적이고 미래지향적인 표현을 사용해 입사 의지를 드러내면 좋다.

Q. 해당 직무에 지원한 이유는 무엇입니까?

A. 저는 문제를 해결하고 가치를 창출하는 과정에서 큰 성취를 느끼는 사람입니다. 해당 직무가 분석을 바탕으로 명확한 결과를 만들어내며, 팀과 조직 목표 달성에 직접적으로 기여할 수 있다는 점이 매력적으로 다가왔습니다. 이전에도 주어진 과제를 체계적으로 분석하고 접근하여 성과를 낸 경험이 많이 있습니다. 때문에 해당 직무에서 제 흥미와 역량을 가장 효과적으로 발휘할 수 있다고 생각했습니다.

TIP 직무에 대한 지원자의 이해도와 직무 적합성을 파악하기 위한 질문이다. 효과적인 답변을 위해서는 지원하는 직무의 핵심 역할을 정확히 파악하고 있다는 사실을 드러내고, 그 안에서 자신의 역량을 발휘할 수 있다는 점을 어필하는 것이 좋다. 해당 역량을 효과적으로 발휘한 사례를 더하면 설득력을 높일 수 있다.

Q. 자신의 장·단점은 무엇이라고 생각합니까?

A. 저의 장점은 인내심입니다. 어렵고 힘든 문제를 만나도 쉽게 포기하지 않고 해결할 때까지 끊임없이 노력하기 때문입니다. 단점은 목표가 없으면 다소 나태해진다는 점입니다. 이를 극복하기 위해서 평소에도 맡은 일에 단계별로 구체적인 목표와 계획을 세우고 점검하는 습관을 만들었습니다.

TIP 장·단점을 묻는 질문은 자신의 약점을 어떻게 관리하고 성장의 계기로 삼는지를 평가하기 위한 목적이 있다. 따라서 단점을 언급할 때는 너무 사소하거나 추상적인 것보다는 개선 가능성과 보완 의지를 드러낼 수 있는 현실적인 문제를 제시하는 것이 좋다.

Q. 취미가 무엇입니까?

A. 제 취미는 조깅입니다. 몸과 마음이 개운해질 뿐만 아니라 생각도 정리할 수 있기 때문입니다. 건강관리에 큰 도움이 되고 있기 때문에 조금 바쁘거나 피곤하더라도 시간을 내 꾸준히 조깅이나 산책을 하고 있습니다.

TIP 취미를 통한 지원자의 성실성, 자기관리 태도 등을 파악하려는 의도를 내포한다. 따라서 단순히 '운동을 좋아한다', '독서를 한다'처럼 열거식으로 답하기보다, 해당 취미가 자신에게 어떤 긍정적 영향을 주는지를 들어 답변하는 것이 바람직하다.

Q. 여가 시간은 주로 어떻게 보냅니까?

A. 여가 시간에는 주로 취미인 조깅을 하면서 보내는 편입니다. 하지만 시간이 늦었거나 날씨가 안 좋을 때는 독서나 영화를 보기도 합니다. 중요한 것은 균형 있는 활동과 휴식을 통해 체력을 관리하며 업무 시간에 필요한 집중력을 확보하는 것이라고 생각합니다.

> **TIP** 시간 분배와 자기관리에 대한 체계적인 태도나 긍정적으로 업무 에너지를 회복하는 모습을 보이면 좋은 인상을 남길 수 있다. 이는 주어진 자원을 효율적으로 활용하고 장기적인 업무 수행에서도 안정적인 성과를 낼 수 있는 사람으로 평가 받는 데 도움을 준다.

Q. 자신만의 스트레스 해소법이 있습니까?

A. 스트레스를 받는 상황이 생기면 우선 감정적으로 반응하기보다 이성적으로 상황을 정리하고 마음을 다스릴 수 있도록 노력합니다. 스트레스 해소는 감정 배출이 아닌 문제를 해결하기 위한 정리 과정이라고 생각하기 때문에 짧은 산책이나 조깅으로 기분을 환기하는 편입니다.

> **TIP** 긍정적이며 건강한 방법을 제시하고, 구체적인 예시를 들어 자신만의 스트레스 해소법을 언급하는 것이 좋다. 이를 통해 압박 상황에서도 일의 균형과 효율을 유지할 수 있는 안정적인 지원자로 인식될 가능성이 높다.

Q. 가장 최근에 읽은 책은 무엇입니까?

A. 카시와기의 「데이터 문해력」을 읽었습니다. 데이터를 어떻게 해석하고 업무 의사결정에 활용할 것인지에 대한 책입니다. 데이터 활용 능력이 더욱 중요해지고 있는 시대인 만큼 데이터를 통해 실제 문제를 해결하는 방법을 이해하고자 읽었습니다. 책을 읽으며 데이터를 다루는 기술적 역량뿐만 아니라 그 속의 맥락을 이해하는 능력도 함께 키워야겠다고 느꼈습니다.

> **TIP** 자기 계발과 직무 역량 향상을 위해 노력하는 태도를 어필할 수 있는 질문이다. 단순히 책의 줄거리나 내용 요약을 말하기보다, 그 책을 통해 무엇을 느꼈고 어떤 점을 배우게 되었는지를 중심으로 답변하면 설득력이 높아진다.

> **Q.** 자신을 리더라고 생각합니까, 팔로워라고 생각합니까?

A. 저는 팔로워에 좀 더 가깝다고 생각합니다. 지금까지 상황을 분석하고 소통하는 능력을 통해 리더의 아래에서 팀을 하나로 만든 경험이 많았기 때문입니다. 그러나 좋은 팔로워의 경험이 있어야 좋은 리더도 될 수 있다고 생각합니다. 조율이 필요한 순간에는 앞장서서 의견을 모으고 정리하는 리더 역할도 마다하지 않고자 합니다. 팀의 성과를 위해 두 역할을 유연하게 수행하는 사람이 되겠습니다.

TIP 자신의 강점과 역량에 대해 충분히 이해하고 있는 것이 중요하다. 구체적인 경험을 근거로 들어, 적절한 자리에서 스스로의 역할을 충실히 수행할 수 있는 인재라는 점을 설명한다. 가능하다면 한쪽만 일방적으로 강조하기보다 두 역할을 상황에 따라 조화롭게 수행할 수 있는 유연성을 보여주어도 좋다.

> **Q.** 자신보다 어린 상사에 대해 어떻게 생각합니까?

A. 나이보다는 개인이 가진 전문성과 역량이 더 중요하다고 생각하므로 개의치 않습니다. 실제로 인턴 활동 중 저보다 어린 선배와 함께 일했던 적이 있습니다. 그분은 업무 경험이 많고 문제 해결 능력이 뛰어났기 때문에 옆에서 많이 여쭤보고 배울 수 있었습니다. 조직에서 상사라는 사실은 그만큼 인정받은 경력이 있다는 의미이기 때문에, 나이와 관계없이 존중하며 배우는 자세로 임하겠습니다.

TIP 조직 내 위계에 대한 이해도와 관계 유연성을 파악하기 위한 목적이 있다. 합리적인 근거와 경험을 토대로 연령보다 역량을 중시하는 성숙한 사고방식을 드러내는 것이 좋다.

> **Q.** 상사가 업무와 무관한 사적인 일을 시킨다면 어떻게 하겠습니까?

A. 먼저 지시받은 일의 목적과 필요성을 여쭤보겠습니다. 신입사원인 만큼 제가 해당 지시의 의미를 제대로 파악하지 못했을 수 있다고 생각하기 때문입니다. 그럼에도 명백히 업무와 무관한 사적인 일이라고 판단되면, 현재 더 필요한 업무에 집중하기 위해서 정중하게 거절하겠습니다.

TIP 지원자의 문제 대처 능력, 윤리관 등을 평가할 수 있는 질문이다. 우선 상황을 객관적으로 파악하려는 시도 이후 합리적인 결정을 내리는 모습을 보이면 보다 긍정적인 평가를 받을 수 있다. 언행에서는 예의와 조직 존중의 자세를 잃지 않는 태도 또한 중요하다.

Q. 과도한 업무가 주어져서 일과 개인 시간의 밸런스가 무너진다면 어떻게 하겠습니까?

A. 우선은 저의 업무 처리 방식을 점검해보겠습니다. 업무에 요령이 부족하거나 서툴러서 생긴 문제일 수 있으므로 이를 개선해야 한다고 생각합니다. 선배님께 효율적인 방법을 여쭤보고 불필요한 시간을 줄이는 법을 익힐 계획입니다. 그런데도 업무량이 과다하다고 느껴진다면, 팀 내 상급자분께 상담을 요청해 조율하겠습니다.

TIP 먼저 스스로 업무를 완수하려는 의지를 보이고, 개인의 역량을 넘는 불가피한 상황임을 인지했을 때는 구체적인 해결 전략을 제시하여 원만한 문제 해결 능력과 소통 능력을 갖추었음을 밝히는 것이 바람직하다.

Q. 만약 이번 채용에 불합격한다면 어떻게 하겠습니까?

A. 겸허히 결과를 받아들이고 준비 과정에서 부족했던 부분을 점검하는 계기로 삼겠습니다. 특히 면접을 준비하며 느꼈던 제 역량의 한계나 보완이 필요하다고 생각한 부분을 중심으로 다시 정리하고, 관련 경험과 역량을 보완해 나가겠습니다.

TIP 채용 결과와 관계없이 지원자의 회복 탄력성, 직무에 대한 지속적인 관심과 준비 의지를 확인하고자 하는 질문이다. 감정적으로 반응하기보다는 자신에게 부족했던 점을 돌아보고 향후 계획을 성숙하게 수립하겠다는 태도를 보이는 것이 좋다.

시사용어사전

매일 접하는 각종 기사와 정보! 공기업/언론사/기업체/공무원 채용을 준비하는 수험생과
현대인이 꼭 알아야 할 최신 시사상식을 쏙쏙 뽑아 이해하기 쉽도록 영역별로 정리

경제용어사전

주요 경제용어는 거의 다 실었다! 금융권/공기업/언론사/기업체/공무원 채용을 준비하기 전에,
경제 공부를 시작하기 전에 읽어보면 경제가 쉬워지도록 사전식으로 구성

부동산용어사전

부동산에 대한 이해를 높이고 부동산의 개발과 활용, 투자 및 부동산 용어 학습에도
적극적으로 이용할 수 있는 교재, 공인중개사 출제용어도 수록

자격증

한번에 따기 위한 서원각 교재

한 권에 준비하기 시리즈 / 기출문제 정복하기 시리즈를 통해 자격증 준비하자!